"抵御外侮——中华英豪传奇"丛书

丛书主编　张海鹏

虎门销烟

林则徐

丁学志◎著

南京出版传媒集团
南京出版社

图书在版编目(CIP)数据

虎门销烟林则徐 / 丁学志著. --南京 ：南京出版社，2022. 2

（抵御外侮 ：中华英豪传奇）

ISBN 978-7-5533-3415-8

Ⅰ. ①虎… Ⅱ. ①丁… Ⅲ. ①林则徐(1785—1850)-传记 Ⅳ. ①K827＝52

中国版本图书馆 CIP 数据核字(2021)第 192041 号

书　　名	虎门销烟林则徐
作　　者	丁学志
出版发行	南京出版传媒集团 南 京 出 版 社
社　　址	南京市玄武区太平门街 53 号
邮　　编	210016
联系电话	025-83283873、83283864(营销)　025-83112257(编务)
策划统筹	卢海鸣　潘　珂
责任编辑	刘　娟
装帧设计	王　俊　石　慧
责任印制	杨福彬
排　　版	南京新洲印刷有限公司
印　　刷	江苏凤凰通达印刷有限公司
开　　本	787 毫米×1092 毫米　1/32
印　　张	5. 375
字　　数	88 千字
版　　次	2022 年 2 月第 1 版
印　　次	2025 年 5 月第 3 次印刷
书　　号	ISBN 978-7-5533-3415-8
定　　价	18. 00 元

总 序

在中华民族的历史上，沿海倭寇的肆意袭扰，西方列强的坚船利炮，侵华日军的烽火狼烟，一次又一次将中华民族推向生死存亡的边缘，给中华民族带来了深重的灾难与难以磨灭的痛苦记忆。中国从一个封建国家演变为一个半殖民地半封建国家。国运危亡，威胁着每一个中国人。

天下兴亡，匹夫有责。抵御外侮，救亡图存，成为面临外敌入侵、民族危亡时中国人思考的第一课题。也正是在这样的危难时刻，中华民族产生出一个又一个舍生取义、矢志报国的英雄豪杰，他们一回又一回地挽狂澜于既倒，扶大厦于将倾。他们的丰功伟绩，不只是单纯地拯救了某个王朝，某个皇帝，而是拯救了整个中华民族的血脉与希望；正像我们的国歌所唱的那样:把我们的血肉铸成新的长城,他们的奋斗和牺牲,把中国的历史命运一次一次推向一个进步的新阶段;他们的高风亮节,不只是中华儿女景仰、学习的榜样,也是人类不屈不挠、英勇抗暴精神的象征。抗敌御侮的英雄事迹,构成了中华优秀传统的新的篇章。

中华民族没有在外敌面前屈服、倒下,而是在一次一次斗争后走向新生,走向进步。作为唯一延续至今未曾中断过的中华文明不断在成长,中华民族依旧傲然挺立于世界民族之林,中华民族的文化传统,不仅没有消逝在历史长河之中,反而发扬光大,成为造就中国特色社会主义的基本历史因素。

为了歌颂中华英豪的爱国精神,为了纪念中国人民抵御外侮的伟大事迹,为了弘扬优秀的传统文化,南京出版传媒集团·南京出版社推出“抵御外侮——中华英豪传奇”丛书。

这套丛书是面向青少年的普及性读物,聘请各有所长的学者撰写,力图用生动活泼的语言,引人入胜的故事,准确的历史事实,努力展现明清以来各个时期抵御外侮的英雄豪杰的事迹,描绘每一位英豪的成长历程和闪光人生，再现了他们人生的不朽光辉。丛书通过这些在抵御外侮中发挥重大作用的英雄人物，向广大青少年表达了中华民族热爱和平、热爱祖国的家国情怀。

如今，我们正走在中华民族复兴的伟大征程之上，国家发展前程似锦，国际地位日益提高，全世界的目光都在转向中国，可以说，今天的中国距离中华民族复兴的伟大梦想，比以往任何时候都更为接近了。越是在这种时候，我们越是要记住为实现中华民族伟大梦想而奋斗、而牺牲的先烈；在我们昂首阔步走向未来新征程的路上，我们更应该居安思危、以史为鉴。历史已经证明：每一段抵御外侮的历史，都是一段维护正义的历史；每一场抵御外侮的斗争，都是一场维护和平的斗争；每一次抵御外侮的奋斗，都是一次为了实现人民美好生活的奋斗，正义终将胜利，和平终将胜利，人民终将胜利。

“抵御外侮——中华英豪传奇”丛书在传播正能量、弘扬爱国主义情怀的同时，提醒我们，在和平时期，抵御外侮的精神同样不可或缺，抵御外侮的英豪也同样不应遗忘，我们今时今日所有的成就与繁荣，离了这种精神、这些英豪，都是万万不可想象的。

“抵御外侮——中华英豪传奇”丛书，不只是为了缅怀先烈，更是为了激励后人；不只是为了铭记历史，更是为了展望未来。

为青少年编写历史小丛书，是一项崇高的事业。20 世纪 50—60 年代，吴晗主编了《中国历史小丛书》《世界历史小丛书》，对当时的青少年起到了历史教育的奠基作用，事实证明是成功的出版经验。我期待南京出版社继起努力，把这个崇高的事业承担起来，拓展开来。为这个崇高的事业投入人力、物力和财力，是会得到善报的，这个善报，不在多少金钱，而在一代一代具有丰富历史知识的青少年的成长，他们将成为国家的栋梁。

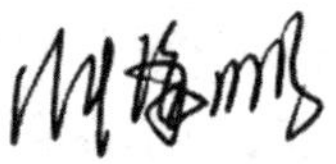

（中国社会科学院学部委员、中国史学会原会长）

目 录

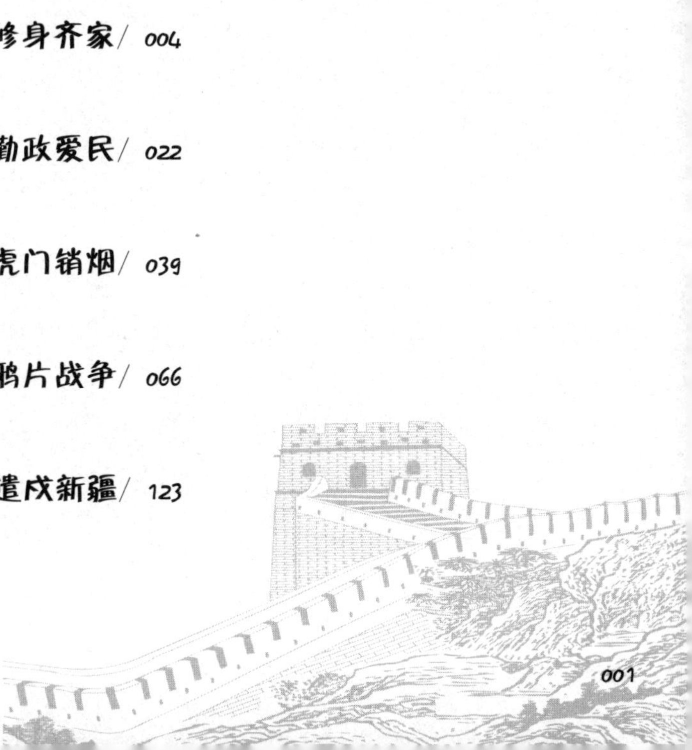

引　言

"古之欲明明德于天下者，先治其国；欲治其国者，先齐其家；欲齐其家者，先修其身。"这是《礼记·大学》里的一句话，意思是说：古代那些要想在天下弘扬高尚品德的人，先要治理好自己的国家；要想治理好自己的国家，先要管理好自己的家庭；要想管理好自己的家庭，先要修养自身的品性。《礼记·大学》里的这句话被后人简单概括为"修身、齐家、治国、平天下"。这是中华儒家思想中的精髓之一，也是无数有志之士的人生信条。儒家思想深刻影响了中国历代的仁人志士，他们志存高远，胸怀天下，以天下为己任，展现了深厚的爱国精神。其中，民族英雄林则徐就是杰出的一位。

林则徐出身于贫寒之家，但他从小勤奋读书，无论寒冬酷暑，他常常挑灯苦读至深夜。苍天不负苦心人，林则徐 14 岁便考中秀才，20 岁考中举人，27 岁考中进士，并被选为翰林院庶吉士。林则徐并非只专注于书斋里的学问，而是倾心于经邦济世之学，并逐渐成长为国家的栋梁之材。

林则徐的成功首先得益于他良好的家风。林则徐的父母从小教育他要恪守做人的本分，要多读书、立远志。林则徐谨遵父母的教诲，并将优良的家风传承给后人。他叮嘱儿子要慎守儒风，勿贪利禄，勿恋权位，勿荒弃学业。他在教育子女方面留下的齐家格言至今被世人传颂。

林则徐为官一生，廉洁奉公。在清代官场贪腐成风、物欲横流的大背景中，林则徐深知人心贪欲的危害，他一方面对官场的贪腐现象深恶痛绝，另一方面严格自律、洁身自好，做到了出淤泥而不染，在官场留下了许多清正廉洁的佳话。

林则徐主政一方，勤政爱民。他为官 36 载，历官 14 省，经手办理断案、水利、赈灾、漕运、盐务、禁烟等诸多事宜，事事关系民生。他在不同的职位上，无不殚精竭虑、尽职尽责，连道光帝都称赞林则徐："从未有如此认真者！"他体恤民间疾苦，勇于为民发声，在江苏任上，冒险为民请命，民众称颂他为"林青天"。

林则徐匡时济世，生死为国。当鸦片泛滥、祸害全国之时，他临危受命，不顾个人安危，承担起禁绝鸦片的重任。在鸦片战争爆发前后，他深谋远虑，一方面奋起抵抗外来侵略，另一方面积极了解国外的世界，购买并仿制西方先进的武器装备，成为中国近代“睁眼看世界之第一人”。在他被革职查办、遣戍边疆之后，他依然写下“苟利国家生死以，岂因祸福避趋之”的豪迈诗句，以 60 岁高龄在新疆艰苦的条件下修建水利、勘查土地，在风大沙多的新疆南北行程两万余里，勘地 69 万亩，为新疆的发展做出巨大贡献。

林则徐的一生跌宕起伏、荣辱历尽，他最终实现了古代读书人“修身、齐家、治国、平天下”的崇高抱负。他是中国古代志士仁人中的杰出典范，是中华民族的脊梁。正如中国近代著名文学家鲁迅先生所说：“我们从古以来，就有埋头苦干的人，有拼命硬干的人，有为民请命的人，有舍身求法的人，……虽是等于为帝王将相作家谱的所谓‘正史’，也往往掩不住他们的光耀，这就是中国的脊梁。”

第一章　修身齐家

【导语】战国时期著名思想家孟子曾说："天下之本在国，国之本在家，家之本在身。"孟子直接点明家庭的根本在于每个人自身，齐家之要在于修身，修身是齐家的前提。"正人"要从"正己"开始，只有每个人先做到修身立德，才能通过自身示范从而形成良好家庭风尚。林则徐从小在父母的谆谆教导之下，熟读圣贤之书，养成了勤俭、刻苦、淡泊名利的品性，为子孙后代树立了典范。他一边致力于"经世致用"之学，一边切身了解社会弊病和民间疾苦，为将来治国安邦打下坚实基础。

诚孝勤俭守家风

乾隆五十年七月二十六日（1785 年 8 月 30 日）深夜，福州一位叫林宾日的教书先生忙碌了一天已经入睡，他的妻子即将临产，全家人期待着新生命的降临。传说林宾日在梦中，看到一只凤凰在天上飞翔。不久，妻子临产的声音惊醒了他，全家人立刻起床忙碌了起来，半夜时分，一名男婴降生了。全家人欢天喜地，37岁的林宾日想到刚才梦境中的凤凰，按照中国传统的观念，他认为这是个吉兆，预示着这个新生儿将来前程非凡。熟读诗书的林宾日由天上的凤凰联想到有“天上石麒麟”称誉的南朝才子徐陵（字孝穆），他也希望自己的这个儿子将来能像徐陵一样才华横溢，于是便给他起名则徐，字少穆，又字石麟，寓意让自己的儿子以徐陵为学习的典范。

林则徐出生地全景

林则徐的父亲林宾日原名林天翰，字孟养，号旸谷，是当地的教书先生。林宾日 30 岁那年以院试第一名考中秀才，后来因为眼睛有疾病放弃继续参加科举考试，他把自己未竟的愿望全部寄托在林则徐身上。林宾日去私塾教书的时候，把年仅 4 岁的林则徐抱在膝上，开始了启蒙教育。林则徐后来回忆道：父亲的教导循循善诱、不愠不火，书中难以理解的道理，他必能以生活中浅显易懂的事例来做比喻，务求使我领悟，然而却从没动手打过我，连呵斥都很少。

在林宾日的悉心教导下，林则徐学业长进，并且养成了发奋苦读的精神。林则徐全家主要依靠林宾日教书维持生计，家庭生活比较清贫。让林则徐印象深刻的是，每年寒冷的冬夜，北风怒号，一家人在简陋的屋子里悬挂一盏油灯，按年幼依次坐下，林则徐的母亲和姐姐做针线活儿，林则徐在旁边朗诵诗书，直至深夜，以至于手都被冻皲裂了。尽管条件艰苦，但林则徐每天早起晚寝，手不释卷。年少时，他曾

林则徐油画像
（美国波士顿展览馆藏）

撰写对联“家小楼台无地起，案余灯火有天知”。他在贫穷的家境中不断自励自强。

据说，林家到过年除夕之夜，才难得地吃上一餐素炒豆腐。也只是到这天晚上，挂在墙壁上的油灯才能用两根灯芯，享受难得的明亮。有时没钱买书，林则徐便拿着衣服去典当行换钱去买书，当时就有人劝林宾日，让林则徐改业，可以减轻家里的负担，但林宾日笑而不答，即使再辛苦，他也要把儿子培养成才。

已经懂事的林则徐，看见母亲和姐妹们忙于各种家务活儿，还要从事剪扎“像生花”等手工艺劳动以赚取家用开支，往往到了深夜还没有睡觉。林则徐深感不安，在吃饭的时候林则徐把最好的饭菜先让她们吃，还要求帮着她们一起干活儿，林则徐的母亲陈帙却不同意他这么做，反而严肃地教育他说：“好男儿应该做好更重要的事、更长远的事，怎么能以这些小事来尽你的孝心呢？你只有好好读书，将来声名远扬，才能不辜负我们的一番苦心。”虽然剪纸的工艺不用代劳，但林则徐每天到私塾之前，都会先把母亲、姐妹的工艺品拿到店铺寄卖，放学后，则再到店铺收钱交回母亲。

林宾日虽然家里清苦，但却恪守做人的本分，不乱做一事，不乱拿一钱。有一次，一个不符合参加科举考试资格的富裕人家想用重金收买林宾日为他家写一份可以参加科举考试的证明,林宾日拒绝了。还有一次,一位为富不仁的富豪想高金聘请林宾日做他家孩子的家庭教师,但疾恶如仇的林宾日向来痛恨他家的恶行,便坚决拒绝了。对于需要帮助的贫穷人家,林宾日一家却总是热心地施以援手。虽然自家已经很贫困,但遇到邻家有个生老病死的急事,他们急人之所急,无不竭尽所能予以帮助。林家父母爱憎分明的正直品行对林则徐的成长产生了重要影响,在他幼小的心灵中已经打下痛恨巧取豪夺、同情民间疾苦的烙印。

林宾日的自画像《饲鹤图》(福州林则徐纪念馆藏)

林则徐从小天资聪颖,再加上读书勤奋刻苦,很早便已经崭露头角。不到 10 岁的他就曾写出“海到无边天作岸,山登绝顶我为峰”的诗句,诗词对仗工整、气势磅礴。嘉庆三年(1798),年仅 14 岁的林则徐便考中秀才。在此次考试中,他以《大学》中的一句话“仁亲以为宝”为题写了一篇文章，其中的词句至今读来脍炙人口：

表里河山，天下有失而复得之国；

墓门拱木，自古无死而复生之人。

君臣之合本人为，自古原无独私之国；

父子之情本天性，天下更无可代之心。

文章生动表达了林则徐对父母亲情的重视，展现其有一颗至诚至孝的仁爱之心。年轻的林则徐没有辜负父母对他的殷殷期望，已秉承家风成长为一名品学兼优的可造之才。

广求实学　博通时务

林则徐考中秀才后，考入鳌峰书院就读，开始了长达7年的书院求学生涯。林则徐当时读书的范围非常广泛，从林则徐早年的一本读书札记看，他当时读书的种类涉及诸子百家的各种书籍，还有历代诗文集、笔记、佛经、医书及书法碑帖等等。札记中有林则徐抄录的一些名言警句，有的反映了他务实的求学态度，如“崇实行而不事虚名，秉公衷而不持偏见”；有的反映了他疾恶如仇的性情，如“竭小民衣食之资，供官司奴隶之困”；“岂为功名始读书”一句，则体现了林则徐读书不只是为了考取功名，而是有着保国安民的远大志向。

当时主持书院的山长郑光策是一个进士出身、“有心用世”的封建士大夫。他为人比较正直，愤于吏治腐败，致力于研究学问，尤喜读经世致用之书。当时的学者文人，大多不问政治，热衷于烦琐的学术考据，读书与现实脱离。郑光策对此风气深感不满，他主持鳌峰书院时，讲求学以致用，鼓励学生立定志向，有目的地读书，倡导经世致用之学。林则徐在郑光策的引导下，勤学苦读，博采众家之长，探求治世之道，为日后成为“经世致用”学派的代表人物打下坚实基础。

鳌峰书院一角

除了在鳌峰书院接受教育，林则徐还时常跟随父亲参加当地文人贤达组织的“真率会”，这是当地有声望的文人相互交流学术心得的集会。这个文学小团体在讨论内容上，反对食古不化、庸俗、虚空的话题；在礼仪上，反对

小贴士

鳌峰书院：由著名理学家、福建巡抚张伯行于康熙四十六年(1707)建造，是当时福建的最高学府。书院设山长1人、监院1人、书办2人、丁役数人。书院定期招考优秀学生入学，并给予一定的衣食补贴，聘请著名学者主持教学，很受朝廷器重。书院大门悬康熙御书“三山养秀”匾，院后花园有鉴亭，亭前悬乾隆御书匾“澜清学海”。光绪三十一年(1905)科举制废止，书院改为“校士馆”，后又改为福建法政学堂。辛亥革命期间学堂毁于火灾。

守旧、客套，相互作揖即可。这些都说明这是一个非常开明、务实的文学团体。年少的林则徐参与其中，在耳濡目染的熏陶下，对其治学风格产生深远影响。“真率会”的组织者中，有一位具有传奇色彩的长辈叫林雨化(字希五，1738—1811)，他是举人身份，生活简朴，性情耿直，不畏权贵。1793年，他揭发福建官员徇私枉法，被害入狱。他在狱中毫不屈服，结果被流放到新疆三年。获释回乡后，他仍然保持耿直敢言的锐气。林则徐经常听父亲谈起这位先辈的不凡经历，钦佩不已，林雨化已经成为他心目中的精神典范。后来他为《林希五文集》撰写序言时写道：“读圣贤书，所学何事？古今不平则鸣，大率类此。”

嘉庆九年(1804)，20岁的林则徐参加乡试，以第29名的成绩考中举人。在考试放榜之后，他正式迎娶本地名儒、前河南永城县知县郑大谟的长女郑淑卿为妻。自此林则徐在郑淑卿有生之年都没有纳过妾，终其一生情深不渝。

1805年初，林则徐前往北京参加会试，开始从书房走向社会。这是他第一次离开故乡，迎接他的将是更加开阔的世界。首次会试的结果并不理想，林则徐名落孙山。他回到家乡担任私塾先生，用微薄的收入补贴家用。

1806年春，林则徐被福州闽县知县聘为书廪(抄写员)，以其所得补贴家用。同年秋天，林则徐到厦门担任海防同知书记(文书)，从此也开始了他参与政事开阔眼界的实践历练。厦门在明清时期是重要的贸易港口，康熙年间开放海禁之后，厦门成为清朝对外贸易的四大港口之一。乾隆二十二年(1757)之后，虽然已经禁止西方人前来贸易，但是与东南亚之间的贸易并未禁止。另外，厦门还是台湾与大陆贸易的转运中心，每年来自台湾的运粮船都经过厦门运往北方。

厦门海防同知是负责管理海口商贩、外国商船出入收税、督查台湾运往大陆的米粮、监督发放兵饷、审理地方词讼的官吏。林则徐相当于担任厦门海防同知的秘书，因此林则徐在此期间广泛接触到清朝对外贸易、粮食运输、案件审理等诸多情况，对社会的了解更加全面。此外，林则徐在厦门的时候，正是纵横东南沿海的蔡牵海盗集团声势正旺的时候，朝廷屡次围剿不成。鸦片走私也成为厦门港口难以根除的难题。官员、士兵吸食鸦片的陋习也已经成为公开的秘密。如此多的社会问题给涉世未深的林则徐带来不小的冲击，使他对社会问题的思考更加深刻。

由于林则徐具有扎实的文字功底，行文流畅、字体端庄，赢得刚到任的福建巡抚张师诚的赏识，张师诚将林则徐招至巡抚衙署担任幕僚。张师诚从政经验丰富，深得皇帝的倚重。1807 年，张师诚到福建担任巡抚，整顿福建长期遗留下来的各种社会问题，一年过后，成效显著。1809 年，福建沿海的海盗也被剿灭殆尽，张师诚出色的办事能力获得皇帝的嘉奖。跟随张师诚的林则徐经过不断历练，为未来从政积累了宝贵的经验。张师诚很欣赏办

小贴士

总督和巡抚：合称“督抚”，都是从明朝开始设置的。那时，政府派大臣处置地方军政事务，有两种头衔，全称分别是“总督某地等处地方提督军务粮饷兼巡抚事”和“巡抚某地等处地方提督军务兼理粮饷”，前者就是总督，后者就是巡抚，都属于临时性差事。清朝时，正式以督抚为地方最高长官。总督负责辖区内的军民要政，所辖省份数目并非一致，有一至三省之不同，同时以辖区重要程度不同而区分地位的高低。巡抚是省级地方长官，总揽一省的军事、吏治、刑狱等事，巡抚的地位要低于总督。

事干练明快的林则徐，认为他是一位不可多得的人才，便鼓励他继续参加会试。

1811年，林则徐第三次赴北京参加考试。最后以殿试二甲第四名的好成绩金榜题名，获得进士出身，并被选为翰林院庶吉士。林则徐的刻苦努力终于获得可喜成果，此后不久，他便踏入仕途，施展他治国安民的政治抱负。

儿孙莫负等身书

家庭是社会的基本细胞，是人生的第一课堂。长辈言传身教、以身作则是最重要的家教，依家规、家训、家教形成的美好家风，不仅惠泽家人，还能使家庭和睦兴旺。林则徐的家族从其祖父开始，便非常注重读书二字，虽家中生活拮据，却依旧教导孩子要以读书为首要之事，固守儒业，通过读书来修身兴家。

林则徐无论到哪里做官，房间内都会挂着林宾日亲笔题写的对联："粗茶淡饭好些茶，这个福老夫享了；齐家治国平天下，此等事儿曹任之。"这副对联体现了林宾日对子孙后代的殷切期望，后来成了林家的家训。

林则徐书写对联拓片（福州林则徐纪念馆藏）

林则徐通过刻苦读书考取进士，踏入仕途后，仍然手不释卷，并且教导子孙切莫荒废学业。他曾在福州文藻山故居藏书楼书写了一副七言对联：

师友肯临容膝地

儿孙莫负等身书

意思是说，老师和朋友能够光临只能容纳双膝大的地方，他非常高兴；希望儿孙们不要辜负摞起来和身体一样高的书（形容大量的书籍），要勤奋读书，努力做到博学多才，不辜负父辈们的殷切希望。

林则徐的长子林汝舟是三个儿子中读书最好的一个，他16岁就考中秀才，25岁便考中进士，殿试位列二甲第六名，被选为翰林院庶吉士。高中进士的林汝舟在与林则徐通信时，林则徐仍然嘱咐他要好好读书："男儿读书，本为致君泽民""与古人为友，足以长进学识"。当林汝舟在官场少有建树，想请假回家陪伴家人时，林则徐又叮嘱他："服官时应时时作归计，勿贪利禄，勿恋权位；而

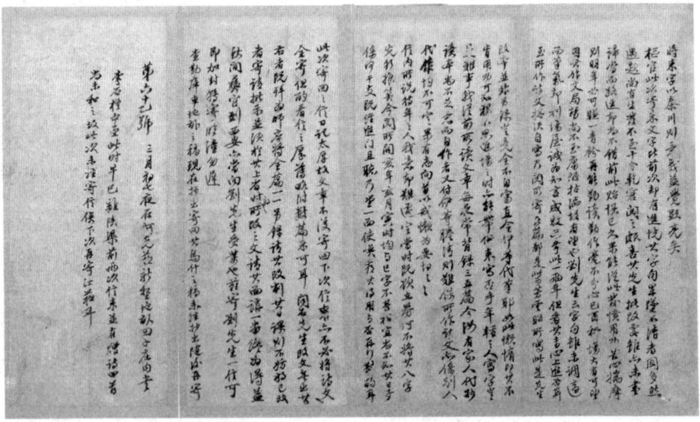

林则徐在阿克苏时写给家人的信（福州林则徐纪念馆藏）

一旦归家，则又应时时作用世计，勿儿女情长，勿荒弃学业，须磨砺自修，以为一旦之用。”林则徐劝儿子做官的时候要时刻有回家的打算，不要贪图功名利禄；在家时不要因贪恋儿女情长而荒废了学业，而是要经常勉励修身，为将来再次踏入社会做准备。

林则徐一生恪守父亲对他的谆谆教诲，谨遵历代典籍中的圣言古训，读书与养德并重，学识渊博、志节高清。他曾书写一副八言对联：

静坐读书各得半日

清风明月不用一钱

林则徐书写对联原件（福州林则徐纪念馆藏）

古人推崇读书明理、静坐养心。通过这副对联，我们看到林则徐享受在清风与明月中读书、静坐的日子，体现了他淡泊、勤勉的心性。重视修身养德的林则徐身体力行地为子孙做出垂范，他既严格要求自己，也严格要求子孙，家教以德行为先，从不溺爱放任。1839年，林则徐作为钦差大臣抵达广州后，在给夫人的信中说：“嘱次儿须千万谨慎，切勿恃有乃父之势，与官府妄相来往，更不可干预地方事务。”他让夫人叮嘱儿子一定不要借助他的名气与官府进行非正常的交往，更不能干预地方的事务。

林则徐在晚年时，为三个儿子写立分家产的文书，即《析产阄书》。从这份记载详尽的文书当中，我们可以看到，林家最后分家产的时候居然没有现银可分，所有的土地和房屋折算成银两总共才 3 万余两，这些家产在清代的封疆大吏中已经是非常少的了。俗话说：“三年清知府，十万雪花银。”林则徐一生从政 30 多年，历任湖广总督、两广总督和云贵总督等封疆大吏，还两次受命钦差大臣，这在很多人眼里都是敛财的“肥差”。然

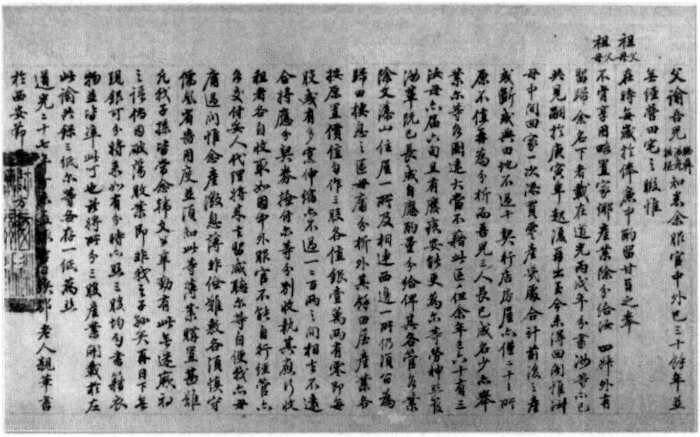

林则徐析产阄书（福州林则徐纪念馆藏）

而林则徐却能清廉自守、不贪不占。他不仅未能给子孙留下很多财产，而且还嘱咐儿子要“慎守儒风，省啬用度”；还给子孙留下“凡我子孙，倘因破荡败业，即非我之子孙”的严训。后来的封疆大吏曾国藩听说林则徐的《析产阄书》后感慨不已，将林则徐立为自己心中的清廉典范。

小贴士

析产阄书：也叫析箸阄书，是我国古代常见的一种分家契约。古人在分家时将家产均分成数份并写入契约，令诸子以抓阄的方式确定各自所能继承的那一份产业，“析产”即分家。

阄书的基本格式大致分为序文和各阄分得财产两大部分。序文涉及内容有：家世、身世介绍；所生子女及其婚嫁情况；家产概况；等等。序文末尾有受分人、见证人及代书人等的签名画押。各阄所分得的财产清单则一一详细罗列各项财产情况。析产阄书一般分为一式数份，用天地人和、仁义礼智、福禄寿等吉祥性文字予以编号，每一字号一本，以受分人所拈之阄为定，各收一本，相互署名画押。

林则徐为什么不给子孙留下大量钱财呢？林则徐写过的一副对联就很好地解释了他对子女的教育观。对联内容是这样的：

子孙若如我，留钱做什么，贤而多财，则损其志；
子孙不如我，留钱做什么，愚而多财，益增其过。

林则徐认为，如果子孙有才能，太多的钱财会损失他的志气；如果子孙愚蠢，太多的钱财会增加他犯过错的机会。所以林则徐觉得留太多的钱财给子孙并非好事。

林则徐在56岁时，用极为工整的楷体手书《十无益》格言，悬于家中。这既是他修身养性的准则，也是他留给后世的家训。

存心不善，风水无益。
不孝父母，奉神无益。
兄弟不和，交友无益。
行止不端，读书无益。
心高气傲，博学无益。
作事乖张，聪明无益。
不惜元气，服药无益。

时运不通，妄求无益。

妄取人财，布施无益。

淫恶肆欲，阴骘无益。

存心不善風水無益
不孝父母奉神無益
兄弟不和交友無益
行止不端讀書無益
心高氣傲博學無益
作事乖張聰明無益
不惜元氣服葯無益
時運不通妄求無益
妄取人財佈施無益
淫惡肆欲陰騭無益
道光庚子春日林則徐敬書

林则徐手书《十无益》格言拓片（蒲城林则徐纪念馆藏）

林则徐在《十无益》中教导子孙们要孝顺父母、兄弟和睦、心存善念、作风正派、谦虚谨慎、守正律己。这些谆谆教诲直到今天都是宝贵的精神财富。

第二章　勤政爱民

【导语】治国安邦、心系苍生是古代无数仁人志士的崇高追求，正如北宋儒学家张载所说“为天地立心，为生民立命，为往圣继绝学，为万世开太平”。林则徐饱读诗书、胸怀天下，他踏入仕途之后，谨遵先贤圣训的教导，牢记父亲“齐家治国平天下，此等事儿曹任之”的家训，严于律己，洁身自好，继续严格保持个人的道德操守。在为政一方的过程中，殚精竭虑、勤政爱民，赢得了黎民百姓的广泛赞誉。

壁立千仞　无欲则刚

1813—1814 年，林则徐在翰林院以庶吉士的身份继续学习，1814 年学习结束，林则徐以优异的成绩被授予翰林院编修，此后便在北京担任职位不高的官职，主要负责编修文史、监督科举考试等任务。从翰林院毕业的庶吉士们刚进入官场的时候，都是担任比较清闲的官职，很多人无所事事，便在北京忙于结交应酬、攀附人脉关系，继续认真读书的已经很少。林则徐对这种不思进取的风气非常厌恶，他在写给朋友的信中说："京官中实在好学者，百不得一。""若不读书，岂不虚度日力？"林则徐认为京城官场的不良风气比地方官场更为严重，因此他觉得"交游以少为妙"。

1820 年 5 月，林则徐在北京的官员考核中名列一等，朝廷委派他前往浙江担任杭嘉湖兵备道，林则徐正式开始了他在地方从政的生涯。

小贴士

兵备道：全称是整饬兵备道，明朝时在边疆及各省要冲地区设置的整饬兵备的按察司分道。兵备道道官通常由按察司的副使或佥事充任，主要负责分理辖区军务，监督地方军队，管理地方兵马、钱粮和屯田，维持地方治安等。清朝沿置，乾隆时定为正四品，兵备道集军事、监察大权于一体。

“杭嘉湖”地区即杭州、嘉兴、湖州地区，是长三角洲的重要组成部分，也是中国最富庶的地区之一。林则徐首次担任地方官就到了中国最富庶的地区，可见朝廷对他非常器重。林则徐上任后，发现本地的官员们大多沉醉于花天酒地的生活，不关心民间疾苦，还榨取百姓钱财。他对这种黑暗的官场风气深恶痛绝，在写给友人的诗词中痛斥官场上的“利禄徒”：

鸣呼利禄徒，字氓何少恩。
所习乃脂韦，所志在饱温。
色厉实内荏，骄昼而乞昏。
岂其鲜才智，适以资攀援。
模棱计滋巧，刀笔文滋繁。
峻或过申商，滑乃逾衍髡。
牧羊既使虎，吓鼠徒惊鹓。
有欲刚则无，此际伏病根。

他指责贪官污吏们胸无大志，只知道榨取民脂民膏，外表强硬、内心软弱，对百姓的严刑峻法比战国时期的申不害、商鞅还厉害，而他们的圆滑更超过战国时期的驺衍和淳于髡。林则徐感叹官员们的贪欲已经消除了刚直的品性，这给国家的发展埋下祸根。

林则徐深知，在官场这个大染缸里会面临各种利益和欲望的诱惑，要想做到出淤泥而不染，首先要克制自身的欲望。林则徐后来到广东做官时，曾为自己的衙署书写一副楹联以自勉：

> 海纳百川，有容乃大。
>
> 壁立千仞，无欲则刚。

这副对联的意思是：大海因为有宽广的度量才容纳了成百上千条河流，高山因为没有复杂的欲望而刚劲挺拔。林则徐以此表达了做人要像大海一样包容，才能做到胸怀宽广；做官要消除各种贪欲，才能做到像万丈高山一样刚正不阿。

林则徐书写楹联拓片（福州林则徐纪念馆藏）

林则徐时刻警醒自己要洁身自好，立志做一名清正廉洁的官员，他既是这样想的，也是这样做的。林则徐每到一个地方任职，人还未到正气先行。道光十年（1830）八月，林则徐由北京到湖北赴任湖北布政使。林则徐熟知官场的诸多陋习,有些地方官会趁机巴结新上任的官员,动用公款接待、行贿,有的人还会冒充赴任官员的前站随从或后路随从,向沿途的地方政府索取好处。因此,林则徐在到达湖北襄阳时,为了杜绝这些官场陋习,也为了避免给地方增加接待费用,林则徐发出《由襄阳赴省传牌》(牌,又称信牌或宪牌,是清代官署的一种下行公文),将赴任途中的费用、饮食及随从详细列明并通知沿途接待的官员,原文如下:

为传知事:

照得本司自京来楚,现已行抵襄阳,由水路赴省。所雇船只,系照民价,自行给发,不许沿途支付水脚,亦无须添篙帮纤。行李仆从,俱系随身,并无前站及后路分路行走之人。伙食一切,亦已自行买备,沿途无须致送下程酒食等物。所属官员,只在本境马头接见,毋庸远迎。为此牌仰沿途经过各站遵照。倘有借名影射,私索水脚站规及一切供应者,该地方官立即严拿惩办,不得稍有徇纵。切切!须至传知者。

小贴士

布政使：全称是承宣布政使，俗称藩台，在清代是仅次于总督和巡抚的省级官员，专管一省的财政和民政，品级为从二品。在清代，一般省里设有三司，分别是承宣布政使、提刑按察使、都指挥使，分别负责一个省的财政和民政、刑事和司法、指挥军队等事宜。

通过上文我们可以看到，林则徐新官上任可谓是轻车简从，连路途中的伙食都是自己出钱购买，这种清廉的作风在当时的官场中是很少见的。林则徐做事干练、清廉的风格，已经通过一张传牌初步展现出来。在一个贪污、腐败盛行的年代里，林则徐能够摒弃人性中的各种贪欲，保持特立独行、清正廉洁的作风尤为不易。正如他在《观操守》中写的那样："防欲如挽逆水之舟，才歇力便下流。"

《观操守》是林则徐书写的著名居官铭箴，全文如下："观操守在利害时，观精力在饥疲时，观度量在喜怒时，观存养在纷华时，观镇定在震惊时。防欲如挽逆水之舟，才

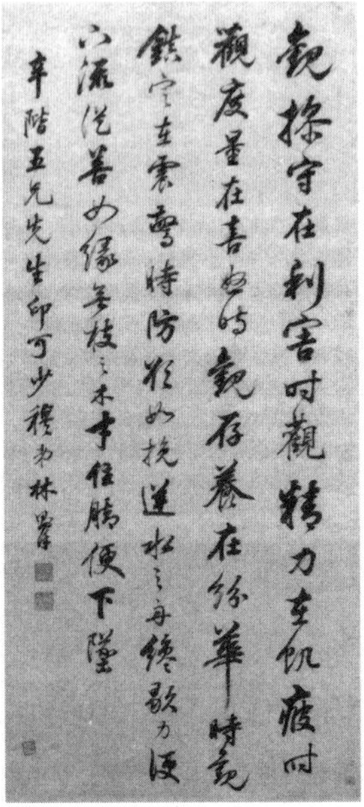

林则徐行书《观操守》
(中国国家博物馆藏)

歇力便下流;从善如缘无枝之木,才住脚便下坠。”

林则徐的《观操守》告诉我们:一个人的操守如何,在利害面前常常立见分晓。一个人是否有旺盛的精力,是否有战胜困难的意志和能力,在饥寒交迫的恶劣条件下很容易体现出来。一个人度量的大小,一喜一怒时表现得最清楚。身处纷华之地,一个人的修行涵养就容易显现出来。处变不惊,临危不乱,这是一个人的镇定功夫。克服欲望就好比去拉逆水而行的船只,稍事歇息,船便会顺流而下;努力向善好比攀缘无枝杈的大树,只要一停脚,身体就要向下滑。

林则徐的《观操守》既是他的人生体悟,更是他警醒自己的箴言。纵观林则徐跌宕起伏的一生,他的志行品德、精神体力、襟怀气度、内存修养、镇定功夫,无不在特定的环境和人生低谷的境遇下,得到了最明显、最充分、最集中的体现。

经邦济世 言达于行

林则徐不仅是一位严于律己、洁身自好的清廉官员，也是一位办事严谨细致、务实高效的治世能臣。林则徐凭借扎实的工作作风，赢得了朝廷的赏识，在各地历任兵备道、按察使、布政使、东河河道总督等职，一路升任至巡抚、总督，成为名副其实的封疆大吏。林则徐在各地从政过程中，夙兴夜寐、兴利除弊，经手办理断案、水利、赈灾、漕运、盐务、禁烟等诸多事宜，事事关系民生。林则徐在不同的职位上，自始至终抱着"上筹国计，下恤民生"的宗旨，"无一事不尽心，无一事无良法"。其殚精竭虑、忠心为国、勉力为民的做事风格，赢得了百姓的交口称赞。

林则徐在 36 年的宦海生涯中，在江苏做官的时间最长，累计任职的时间长达十多年。江苏土肥水足，富甲天下，是清朝农业、手工业和商品经济最发达的地区。朝廷让林则徐在如此重要的地方任职十多年之久，可见对林则徐非常器重。江苏河湖港汊密布大江南北，素有"泽国"的称呼。自道光帝登基以来，江苏凄风苦雨不断，水灾连连，加上当地官员腐败丛生，各种社会弊病长期得不到解决，朝廷每年征收的粮食和赋税多年无法收齐，百姓苦不堪言、民不聊生。林则徐就是在这样的大背景下，开始了他在江苏的从政生涯。

1823 年 2 月，林则徐被任命为江苏按察使，主管江苏省的司法案件。同年夏天，江苏发生特大洪水灾害，6 月和 8 月大雨昼夜不止，全省共有 42 个州县遭受水灾，大量房屋倒塌、田地淹没。由于松江府娄县赈灾不利，8 月 20 日，100 多名灾民到松江府署请愿，官民发生冲突，松江知府杨树基被打。在皇权至上的社会，百姓把官员打了可是一件了不得的大事，江苏巡抚韩文绮主张从重查办。但林则徐认为，饥民闹事是因为府县的官员赈灾不利导致的，他主张只惩办少数几个带头者，并且对失职的官员做出处分。林则徐的主张得到江苏巡抚的认可，也得到百姓的普遍赞扬，百姓称颂他为“林青天”。

水灾过后，林则徐又积极参与赈灾工作。一些不良的富户奸商利用粮食奇缺的时机，囤积粮食、哄抬粮价。林则徐一方面打击囤积居奇的不良行为，另一方面招徕商人贩运粮食，以此救济灾民、平抑粮价。一些灾民为了充饥，将家养的耕牛杀掉，林则徐为了避免这种破坏生产力的行为，设立“当牛局”。灾民可以将无力供养的耕牛抵押给“当牛局”，换取保命的钱财和口粮，官府负责饲养耕牛至来年春天，春耕时灾民再将耕牛赎回从事耕种。林则徐这些处处为百姓着想的赈灾措施，使他声名远扬，老百姓都以林则徐到本地做官为荣。福建经学家陈寿祺在写给林则徐的信中夸赞他“仁声四播”，称赞这些“名贤措施”不是一般的官吏所能想到的。

自古以来，水灾的一个重要体现便是河水泛滥，因此防洪治水历来是关系国计民生的首要大事。然而历朝历代的很多官员都把治理河务当作敛财的重要门路，河工事务是清代腐败最严重的职位之一。道光年间，河水屡次泛滥成灾，道光帝也知道主管河务的官员们贪污成风、积习难改，气得他大骂：“官官相护之恶习，牢不可拔。……此皆自顾身价之辈，因循苟且，尸禄保身，甚属可恶！”道光帝急需一名才能与品德俱佳的官员主持河务。此时，林则徐干练的才能、务实的作风和优良的声誉赢得了道光帝的赏识，他结合林则徐近年来的政绩，称赞他“品学俱优，办事细心可靠”。1831 年 11 月 9 日，道光帝擢升林则徐为东河河道总督，管辖山东、河南两省境内黄河和运河的防洪、修缮事务。林则徐深知河务责任重大，也知道管理河务的官员们贪污钻营，弊端丛生，难以治理。而自己又不熟悉河务，担心难以胜任，因此婉言谢绝。但道光帝不仅没有批准他的推辞，还将内心对他的期望明确告诉于他，勉励他忠实履行职责、革除河工积习。“一切勉力为之，务除河工积习，统归诚实，方合任用尽职之道，朕有厚望于汝也！”

小贴士

河道总督：简称河督、总河，是管理黄河、运河的高级官吏，设立于明朝成化七年(1471)，督署设在山东济宁。清代河道总督俗称“河台”，为正二品，主管黄河、运河、永定河的堤防修守、河道整治等事务。雍正年间，清朝设置三位河道总督。分别是：江南河道总督(简称“南河”)，驻地在江苏淮安，管理江苏、安徽境内的黄河和运河；山东河南河道总督(简称“东河”)，驻地在山东济宁，管理山东、河南境内的黄河和运河；直隶河道总督(简称“北河”)，驻地在天津，管理直隶境内的南北运河和永定、子牙等河。后次第裁撤，至光绪二十八年(1902)裁东河河道总督，从此河务划归地方管理。

1832年1月，林则徐到达山东济宁，正式接任东河河道总督。他深感前面困难重重，但他想到：“苟志存温饱，念重身家，是已失读书致用之本心。”(如果不思进取，只为自身着想，就丧失了自己读书致用的本心。)因此林则徐决心“自持刻苦，不避怨嫌，以防意者防川，以纠心者纠吏”。

林则徐刚上任不久，便开始检查河堤的防务情况。当时的防务要求河堤上要准备好抗洪的“料垛”，料垛一般是用高粱秸捆扎成的垛子，洪水来临的时候，把高粱秸跟碎石捆在一起保护堤坝不被冲垮。负责河务的官吏们通常会在“料垛”上贪污作弊。他们会想出各种花样应付上级的检查，例如，把一些腐烂的高粱秸压在底下，用合格的高粱秸盖住，以次充好。由于河堤两岸堆放的“料垛”很多，检查一遍会花费很长时间，一般官员很少会认真检查，所以很容易蒙混过关。他们没想到林则徐巡查的时候，却跟以往的官员不一样，他沿着两岸的河堤逐个“料垛”认真检查，有松动的地方就抽出来看看，有怀疑的地方就拆开检查，还会抽查重量看是否合格。林则徐发现一处“料垛”下面压着一些潮湿的高粱秸，立即将负责该处的官员撤职，并且要求他赔偿损失。林则徐一丝不苟的态度赢得了沿河士兵、百姓的交口称赞，每当林则徐到工地巡查的时候，附近总是站满了围观的百姓，负责河务的官员们则战战兢兢，不敢再弄虚

林则徐在河道总督任上书写的对联“事能知足心常惬，人到无求品自高”（济宁市博物馆藏）

作假。

林则徐尽职尽责的工作态度，连道光帝都接连发出感叹："向来河工查验料垛，从未有如此认真者！"接着又说："动则如此勤劳，弊自绝矣。作官皆当如是，河工尤当是。吁！若是者鲜矣。"意思是："如果官员们做事都如此勤劳，官场的弊端也就没有了，做官都应当如此，做河官更应当如此，唉，像这样的官员太少了！"

1832年3月，道光帝再次将林则徐调回江苏任职，授予他江苏巡抚，道光帝交代他不用进京请训，立刻赴任。因为当时的江苏还没有从水灾中恢复过来，各种棘手的事务急需他去处理。

1833年夏秋之际，江苏再次遭遇水灾，大雨滂沱，长江决堤，洪水泛滥，江苏境内沿江十之七八的府县被洪水淹没。"屋漏偏逢连夜雨"，10月至12月间，江苏境内再次连遭风雨，地里的庄稼霉烂生芽，收成无望，扶老携幼的灾民到处逃荒。对此情形，林则徐火速与两江总督陶澍向道光帝奏报灾情，请求朝廷缓征灾区的粮食。没想到，道光帝不仅没有批准，还下旨训斥道："近来江苏等省几于无岁不缓，无年不赈，国家经费有常，岂容以展缓旷典，年复一年，视为相沿成例？"显然道光帝已经对江苏省连续几年以灾情为理由要求缓征粮食失去了耐心。而且道光帝还怀疑他们管制不了下级官员的贪污行为，只知道向国家要救济，向百姓博取声誉，“不肯为国任怨”。

道光帝已经“龙颜大怒”，眼看缓征粮食的请求获准无望。林则徐昼夜听到灾民的呼号，想到百姓“旦夕就毙”，便整夜辗转反侧无法入睡。最后，林则徐决定顶住道光帝的压力，不顾个人安危，再次为民请命，力谏缓征粮赋。为了不连累他人，他打破官场的规矩，独自署名上奏。林则徐在奏折中向道光帝疾呼：“民间积歉已久，盖藏本极空虚，当此秋成之余，粮价日昂，实从来所未见，来年青黄不接，不知更当何如？小民口食无资而欲强其完纳，即追呼敲扑，法令亦有时而穷。”林则徐把百姓极其缺粮的现实再次向道光帝申明，并且强调，如果在这种情况下强行征粮，即使用法令逼迫也是没用的。他请求道光

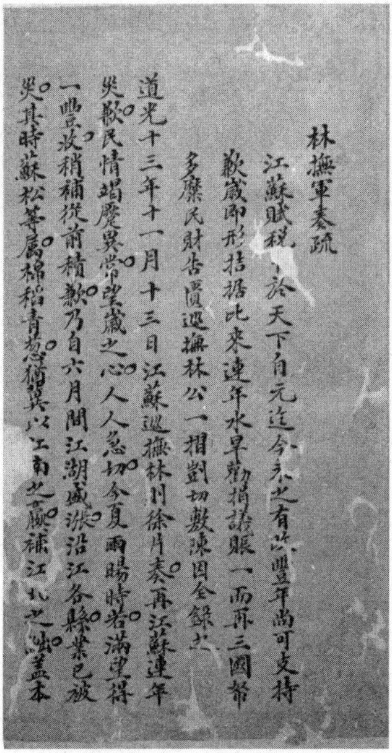
林撫軍奏疏
江蘇賦稅於天下自元迄今未之有比豐年尚可支持
歉歲即形拮据比來連年水旱勸捐請賑一而再三國帑
多縻民財告匱退撫林公一相對切數陳因全錄之
道光十三年十一月十三日江蘇巡撫林則徐片奏再江蘇連年
災歉民情竭蹶異常望歲之心人人急切今夏雨暘時若滿望得
一豐收稍補從前積歉乃自六月間江湖盛漲沿江各縣業已被
災其時蘇松等屬棉稻青葱猶冀以江南之豐補江北之歉蓋本

林则徐请求缓征江苏赋税奏疏抄本局部（福州林则徐纪念馆藏）

帝损上益下，纾解黎民的疾苦，多培养百姓的元气。在林则徐的据理力争下，道光帝最终同意了他的请求。消息传开后，百姓们欢呼雀跃，读书人争相传抄林则徐的奏稿。有人读了林则徐的奏稿后，作诗称赞道："挥来忧国千行泪，写出流民一幅图。"

林则徐在地方做官多年，之所以得到百姓的称赞和朝廷的认可，就是因为他始终秉持"上筹国计，下恤民生"的从政宗旨，信奉儒家"民为邦本、本固邦宁"的思想，并将之付诸实践。1846 年，林则徐与挚友王益谦交流从政的经验时，信手写下自己多年来的从政心得，这便是著名的《从政之道》：

从政自有大体。大体既立，则小节纵有牴牾，当别作张弛，以补吾大体之所未备，不可便改弦易辙。譬如待民贵有恩，即大体也。即有顽暴者惩之，而待民之大体不变。待士贵有礼，此大体也。即有不检教之，而待士之大体不变。若以姑息匪人，博宽厚名；以毛举细故，博精明名，皆偏也。圣贤之宽厚，不使人有所恃；圣贤之精明，不使人无所容。

天之气运有常，人依之以作事而百务成，物因之以长养而百病少。为上者，政体有常，则下之志趋定，而渐可责成，人之耳目一，而因以寡过矣。庙堂之上以养正气为先，海宇之内以培元气为本。使贤人无郁心之言，则正气培矣；使百姓无腹诽之语，则元气固矣。

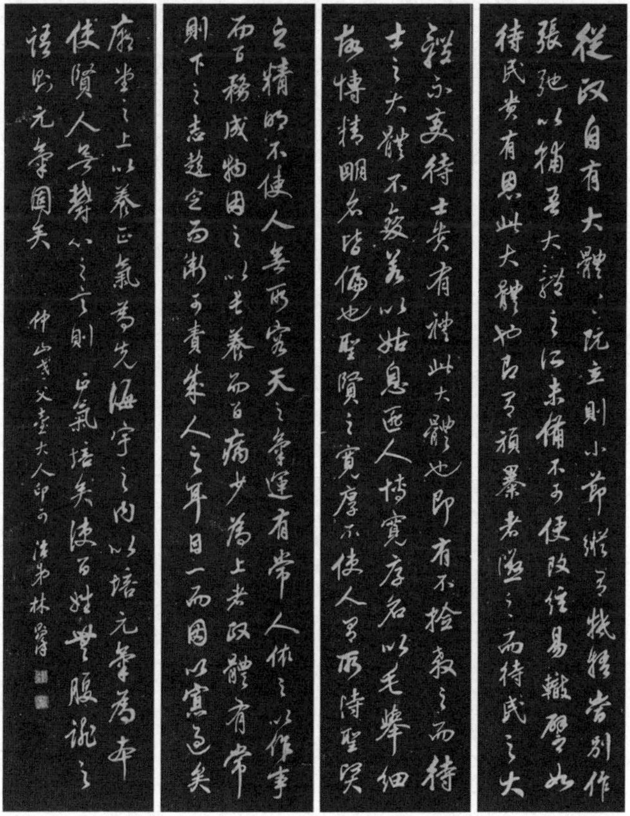

林则徐书写的《从政之道》拓片（蒲城林则徐纪念馆藏）

王益谦为了让后人学习林则徐为国为民的精神，将《从政之道》刻在石碑上，置于家中。今天的我们才有幸目睹林则徐书写的从政心得。林则徐在《从政之道》中强调：官员从政首先要施恩于百姓，要培养官场的正气，要培养百姓的元气，这是官员从政的根本之道。林则徐的这些从政心得让我们看到了他一生心系百姓的博大胸怀，他的这些肺腑之言放在今天依然具有启示和借鉴作用。

第三章　虎门销烟

【导语】19 世纪，罪恶的鸦片贸易给当时的中国造成深重灾难：人民健康饱受摧残，社会道德日益堕落，吏治更加腐败，军备废弛，国库空虚，中华民族面临着日益衰落的重大危机。林则徐临危受命，与鸦片烟贩进行针锋相对的斗争，将收缴的鸦片全部销毁，在世界禁毒史上写下了光辉的篇章。

鸦片泛滥

早在 6000 年前，地中海东部、小亚细亚、埃及一带就已出现野生罂粟。罂粟科有 25 属、200 多种，其中大多数为草本，也有少量为木本。罂粟的花、果、壳、籽，特别是其果实汁液含有多种生物碱，如吗啡、可待因、蒂巴因、那可汀等，对中枢神经有刺激作用，容易使人上瘾并引起中毒。当然，只有鸦片罂粟和苞鳞罂粟能产生一定数量的鸦片。

鸦片烟灯
（鸦片战争博物馆藏）

约在 7 世纪中后期，阿拉伯人通过丝绸之路将鸦片带入中国。由于鸦片具有镇静、止痛的功效，所以最初鸦片只是被当作药用，但古人已对鸦片的危害有所认识，例如元朝名医朱震亨在《金匮钩玄》中指出鸦片（罂粟）“其止病之功虽急，杀人如剑，宜深戒之”。明末清初，鸦片与烟草混合吸食的方法传入中国，由于当时吸食之风尚未盛行，鸦片仍被视为药品进口。

大约在清朝初期，吸食纯鸦片的方法开始出现并逐渐流行开来，这就是人们俗称的“抽大烟”。这种吸食方法极易成瘾，对人体危害最大，从而也使鸦片从药品迅速转化为毒品，蔓延全国。至雍正朝时期，鸦片吸食问题已引起朝廷重视。雍正七年（1729），清政府颁布了第一道禁烟令，禁止贩卖鸦片烟，禁开鸦片烟馆，但不禁吸食，不禁鸦片进口。这种治标不治本的禁烟法令成效不大，根本无法阻止鸦片的泛滥。1796 年，嘉庆帝即位之初便发布新的禁烟诏令，首次禁止鸦片进口。从此，以前合法的鸦片贸易开始转为非法走私。1821 年道光帝即位以后，他几乎年年颁布禁烟谕令，要求内地禁烟与海关查禁并重，还制定《失察鸦片烟条例》，首次对在禁烟中负有失职责任的官员进行惩罚。可以说，道光帝的禁烟措施最严，历时最长，但鸦片依然屡禁不止。

鸦片烟具（鸦片战争博物馆藏）

鸦片烟枪（鸦片战争博物馆藏）

鸦片走私

由于鸦片贸易利润巨大，大量的鸦片源源不断地输入中国，在大量烟民吞烟吐雾中，白花花的银子滚滚流入外国商人的钱袋中。丰厚的利润让唯利是图的洋商欢欣鼓舞，越来越多的商人加入鸦片贸易的行列之中。在这种形势下，一种特殊的贸易链条就此形成：英国商人把英国的工业产品销往印度，再把印度产的棉花和鸦片销往中国，最后在中国购得欧洲人喜欢的茶叶和生丝运回欧洲大赚一笔。

从事鸦片贸易的洋行众多，大致包括两类，即大同行和小同行。所谓大同行，是指经营印度烟土进口的英国洋行。所谓小同行，是中国鸦片商人开设的鸦片批发兼零售的商业机构，其职能一般为从大同行中购进大宗烟土，然后设肆零售，或者批发给内地商人。小同行的经营者以广东籍尤其是广东潮州籍人士为主，形成了封建性、地域性、家族性经营的特色。

在中国经营鸦片业务的外国洋行，以英国人为主，但美国、丹麦、瑞典、葡萄牙等国的商人也插手其中，只是其影响小于英国商人开设的洋行而已。其中影响较大的有怡和洋行与宝顺洋行。

怡和洋行由英国商人威廉·查顿（William Jardine）和詹姆斯·马地臣（James Matheson）于1832年7月1日组建。以后的数年间，怡和洋行成为规模最大的鸦片走私集团。怡和洋行在早期主要从事鸦片走私业务，1830年，英国商人麦尼克曾向英国议会报告说：怡和洋行所做的“几乎全部是鸦片生意，至于在中国购进货物，只是为了适应从中国调回资金的需要”。

兰斯洛特·颠地(Lancelot Dent)在广州与查顿齐名,也是当时最著名的鸦片走私贩子。他在广州开设的宝顺洋行,仅次于查顿、马地臣开设的怡和洋行。

鸦片被禁止进口以后,从印度远道而来的大量鸦片已经无法堂而皇之地运往广州口岸,这就需要一个中转站暂时储存商船运来的鸦片,然后再通过走私途径,由鸦片贩子将鸦片分批次运往中国沿海并销往全国各地。外国鸦片烟贩利用清朝水师船只不能进入深海作战的缺点,在远离海岸的伶仃洋面停泊了数十只鸦片趸船,构建了一个浮动在洋面上的鸦片存储站。鸦片趸船像个漂浮的仓库,一方面可以使鸦片飞剪船不必进入口岸城市,缩减了航行时间,一方面也避免了走私鸦片存在陆上仓库受到查封的危险。鸦片趸船装有枪炮,旁边还配有武装船只保护,用以抵御清军的稽查和海盗的袭击。

停泊在洋面上的鸦片趸船图

鸦片烟贩们将从印度运来的鸦片，存贮在趸船上，然后带着样品去广州与中国方面的鸦片烟贩洽谈，成交后，中国的烟贩带着订单到趸船上取货，用"扒龙"快船将鸦片偷偷运进口岸，然后销往内地。"扒龙"船又称"快蟹"船，是中国鸦片贩子到伶仃洋面鸦片趸船提货时雇用的武装快船，一般有橹五六十支，五十到七十人驾驭，行动迅速，在水面上运桨如飞。"扒龙"船都配有枪炮等武器装备，要是碰见巡查的清军水师，他们能逃则逃，来不及逃脱，他们就进行武装对抗。

广东沿海各口岸的鸦片贩子以开设普通商店为名，暗中批发鸦片，这种黑店被称为"大窑口"，也就是广东总办转售鸦片者。在鸦片战争前夕，广州有数十个这样的大窑口。

鸦片走私利润丰厚，在巨额利润的驱使下，鸦片贩子不惜一切手段扫清阻碍鸦片走私的障碍，手段之一便是贿赂清政府的缉私官员。

一些负责查禁鸦片的官员被鸦片贩子收买，官商勾结，共同走私，鸦片禁令形同虚设。以广东水师为例，广东水师担负着缉拿走私者的重要任务。道光六年(1826)，广东当局为了严查鸦片走私，特设巡船，供缉查用。然而，广东水师已经被唯利是图的鸦片贩子用金钱收买，成为鸦片走私的帮凶。

其中最具代表性的便是广东水师副将韩肇庆，他原来负责巡海缉私工作。他利用职权之便，收受贿赂，暗中保护鸦片走私的罪恶活动。他每私放一万箱鸦片进口，在收取一笔巨额贿款的同时，还扣下几百箱作为他缉私的赃物，交给上司去邀功请赏，甚至还利用水师的船只帮助鸦片贩子运送鸦片。韩肇庆没有在自己的缉私岗位上尽职尽责，反而利用自己的职务之便，大肆受贿，为鸦片走私大开“绿灯”，没过多久，韩肇庆竟然因为缉私有功被提拔为总兵，真是荒唐至极！清朝的鸦片走私程度可见一斑。

禁烟争论

虽然清政府一再三令五申，但鸦片走私问题不仅未见成效，反而愈加猖獗。据不完全统计，自乾隆四十五年至道光十九年（1780—1839）的60余年里，清廷及各省督抚衙门先后发过四五十道禁烟令（谕旨和文告）。但是，鸦片非但没有断绝，反而从局部蔓延至全国各地，每年鸦片进口数量从200箱猛增至2万余箱。鸦片能禁绝吗？应采用什么措施防止或减少英国人输入鸦片？朝野上下很多人对清廷的禁烟政策产生怀疑并进行反省。

道光十六年(1836),太常寺少卿许乃济上奏《鸦片烟例禁愈严流弊愈大亟请变通办理折》,以及《奏请弛内地民人栽种罂粟之禁》的附片,正式提出鸦片贸易合法化、弛禁鸦片吸食、允许内地民人栽种罂粟的弛禁主张。

许乃济认为,虽然朝廷严禁鸦片,三令五申,但仍不能阻止鸦片走私,也不能有效禁止百姓吸食。法令越严贪官污吏收取的贿赂越多,严禁政策根本不能解决问题,反而徒滋扰累。吸食鸦片的主要是一些游手好闲之徒,只要禁止官员、书生、士兵吸食鸦片,就不会造成大的危害。但是鸦片走私会导致白银外流,国库空虚,这是一个严重的问题。因此许乃济建议朝廷允许鸦片进口,对外贸易只准以货易货,中国商人不能用白银购买洋货。这样清廷既可以收税增加财政收入,又能防止白银外流。此外,许乃济还提出了允许百姓栽种罂粟、发展土烟,以土烟抵制洋烟的主张。

许乃济的这些主张并不是他的独创,在朝野上下有不少人持有与此相似的观点,特别是广东的一些官员早就有了类似的想法,只是没有人敢像他这样明确地向皇帝提出罢了。许乃济与众不同的言论引起了道光帝的高度重视,道光帝下诏书让群臣展开讨论。两广总督邓廷桢、广东巡抚祁𡊮和粤海关监督文祥马上写了标题为《应准许乃济所奏弛鸦片之禁并拟章程九条折》的奏折回复道光帝，表示同意许乃济的主张，而且还拟定了具体执行的九条章程。与广州官员的支持态度相反的是，朝廷中的一大批官员坚决反对许乃济的主张。内阁学士兼礼部侍郎朱樽、兵科给事中许球及江西道监察御史袁玉麟等分别向道光帝陈奏，驳斥许乃济的观点，仍然主张严禁鸦片。面对这两种截然不同的主张，道光帝思来想去，最终没有采纳许乃济的主张，继续执行严禁政策。

两广总督邓廷桢遵照道光帝的旨意，继续在广东大力开展禁烟运动，并且取得了可观的成绩。然而，鸦片泛滥已久，冰冻三尺非一日之寒。鸦片走私活动仍十分猖獗，白银大量外流的状况并未改变。针对这种局面，道光十八年（1838），鸿胪寺卿黄爵滋奏呈《请严塞漏卮以培国本折》，建议采用重判鸦片吸食者的方法来禁止鸦片。他认为，朝廷多年的禁烟政策之所以收效不大，就是因为对吸食鸦片的人治罪太轻了，他们宁愿被打板子，也不愿遭受戒烟的痛苦。他建议命令吸食鸦片的人在一年内戒烟，一年过后还吸食鸦片的人，将被判处死刑，这样自然就没有人敢冒被杀头的风险吸鸦片了，没有了吸鸦片的人，自然就没有走私鸦片的了，那么产自国外的鸦片自然也就不会来了。

小贴士

太常寺少卿与鸿胪寺卿："寺"原是指古代中央的官府衙门，这一称呼起源很早，西汉建立"三公九卿"制，三公的官署称为"府"，九卿的官署称为"寺"。到了清代，中央共设有五寺，分别是大理寺、太常寺、光禄寺、太仆寺、鸿胪寺。每个部门一般设有卿（正职）一人，少卿（副职）两人。大理寺属于司法机构，主要负责复审刑部裁定的案件；太常寺主要负责朝廷各种祭祀、礼乐活动；光禄寺掌管宫廷宴席和祭品；太仆寺的职责与兵部相关，主要负责马匹的管理；鸿胪寺主要负责教习文武百官及外宾觐见皇帝时的礼仪。

道光帝看完黄爵滋的奏折后，转给各官员进行讨论。讨论的结果是，大部分官员都反对将吸食鸦片的人判处死刑，认为吸食鸦片只是自己害自己，如果跟杀人一样被判处死刑，未免量刑过重，况且全国吸食鸦片的人数太多，如果大开杀戒，被杀的人将是一个惊人的数字。因此他们建议，关键的办法还是应该从源头上禁绝鸦片。同意黄爵滋主张的仅仅是少数督抚，其中湖广总督林则徐完全同意黄爵滋的意见，并结合自己在湖广辖境的禁烟成果，指出严刑峻法是可以禁绝鸦片的。他指出："民情非不畏法，习俗大可转移，全赖功令之森。"百姓并不是不害怕法律，要想去除吸食鸦片的恶俗，还是得依赖森严的法律。林则徐在奏折中还附上了《钱票无甚关碍宜重禁吃烟以杜弊源片》的附片，进一步指出了鸦片的危害，发出了振聋发聩的呼吁："迨流毒天下，则为害甚巨，法当从严。若犹泄泄视之，是使数十年后中原几无可御敌之兵，且无可充饷之银。"

道光帝画像（故宫博物院藏）

林则徐的奏折深深触动了道光帝，经过权衡利弊，道光帝决心从源头上杜绝鸦片的泛滥，不过没有采纳黄爵滋关于对鸦片吸食者判死刑的主张。1838 年 11 月，道光帝下旨处罚之前上奏主张"弛禁"鸦片的许乃济，许乃济的官职从四品顶戴降为六品，道光帝是以此展示他禁绝

小贴士

湖广总督和直隶总督：“湖广”实际上是一个地名。元朝时全国设立了11个行中书省，相当于今天的省，“湖广等处行中书省（简称湖广行省）”是其中之一。湖广行省包含了现今的湖南、湖北大部分，广西以及贵州、广东一部分。明朝沿用“湖广”这一行政区域名称，设立“湖广承宣布政使司（简称湖广藩司）”，地位等同于元朝的“行中书省”。但是其辖区约今湖南和湖北两地。直到清朝康熙初年，湖南和湖北才分为两省，但是管理这两个省的总督依然被称为湖广总督。直隶总督管辖直隶地区（今北京、天津两市，河北大部与河南、山东小部地区）的军民政务。由于直隶省地处京畿要地，所以直隶总督在各总督当中地位最高。

鸦片的决心，各级官员无人再敢建议“弛禁”鸦片。禁烟的方向确定了，道光帝要找一位公正清廉、办事认真、有一定社会地位、能破除官场旧习的钦差大臣亲赴广东主持禁烟。但是有谁能真正地落实他的旨意呢？道光帝再次把眼光落在了湖广总督林则徐身上。

临危受命

自道光帝继位禁烟以来，从各地的禁烟情况来看，缴烟数量最多的当属两广总督邓廷桢和直隶总督琦善。但从执行情况来看，最认真、积极地执行禁烟政策的却是湖广总督林则徐，林则徐在任职湖广总督期间坚决支持严禁主张，他一方面采取严厉的禁烟措施，收缴、焚毁大量烟枪、鸦片，另一方面研制有效的戒烟药方，使许多鸦片吸食者获得新生。湖广禁烟成效显著，这也正是道光帝看中林则徐的主要原因之一。况且自林则徐从政以来，无论是政绩还是个人品行，皆是当朝官员中的佼佼者。1838 年 9 月，湖广总督林则徐上奏道光帝，痛陈鸦片泛滥

林则徐画像

林则徐所用印章

（福州林则徐纪念馆藏）

小贴士

钦差大臣：又称“钦差”“钦派”，是明清时期对皇帝钦派外出办理重大军国事务官员的通称。明朝之钦差有出征、出使、巡察、专办某差之使命，总督、巡抚、总理、巡视、抚治等官员往往冠此称。钦差大臣属于临时性差遣，事毕则解任。钦差大臣作为皇帝的特使，只是官衔名，没有品阶。

的社会危害、主张严厉禁烟。之后，林则徐已成为道光帝心目中钦差大臣的不二人选。

1838年底，道光帝召林则徐进京，商讨禁烟大计。在八天中连续召见林则徐八次，道光帝恩准林则徐进宫时在紫禁城骑马，后来了解到林则徐不习惯于骑马，于是又改为坐轿子，这样的待遇当时在汉族大臣中是很少见的，可见道光帝对林则徐禁烟寄予厚望。最终林则徐被委以钦差大臣的重任，南下广州禁烟。

林则徐日记摘录

（十一月十一日），入内递折。卯刻第一起召见，命上毡垫．垂问至三刻有余。

（十二日），第四起召见，约有两刻。

（十三日），第六起召见，亦有两刻。蒙垂询能骑马否，旋奉恩旨在紫禁城内骑马，外僚得此，尤异数也。

（十四日），寅刻骑马进内，递折谢恩。第五起召见，蒙谕云："你不惯骑马，可坐椅子轿。"

（十五日），卯刻肩舆入内，第四起召见，约三刻有余。旋奉谕旨："颁给钦差大臣关防，驰驿前往广东查办海口事件，该省水师兼归节制。"

钦差大臣本是一个众人所羡的职位，"一人之下万人之上"，尊贵无比，但此时的钦差大臣却成了一个烫手的山芋，因为此次钦差所担负的使命是解决多年来未能根除的社会顽疾——鸦片烟毒。此时的鸦片问题已经不是一个简单的毒品泛滥问题，各种关系与之交织在一起，盘根错节，阻力重重。首先，地方官员为了从鸦片走私中渔利而对朝廷的禁烟政策阳奉阴违，这正是鸦片多年以来屡禁不止的主要原因。如果厉行禁烟，势必会触及一大批地方官员的利益，既得利益集团必然会暗中阻挠。其次，由于鸦片走私利润丰厚，一旦严厉禁止，鸦片烟贩势必会铤而走险，极易引起边境冲突，而这是道光帝所不允许的。如此种种，使得林则徐的禁烟使命困难重重。

此次禁烟使命危机四伏，一些奉行明哲保身的官员对这种事情避犹不及，林则徐却慷慨以赴。其实林则徐对此次南下禁烟的艰难也心知肚明，但为了清除鸦片泛滥这一社会顽疾，他已将个人的安危置之度外。林则徐在给好友叶申芗的书信中透露了当初被授予钦差大臣时的心情："在京被命，原来知此役乃蹈汤火，而固辞不获，只得贸然而来，早已置祸福荣辱于度外。" 1839 年 1 月 5 日，林则徐向在京养病的恩师沈鼎甫辞行，他向恩师表露了此行不辱使命的坚定决心："死生命也，成败天也，苟利社稷，敢不竭股肱以为门墙辱！"林则徐表示：死生命也，成败天也，只要利于国家社稷，我必将竭尽全力，决不辱没师门！谈及此处，师生二人相对站立，暗自垂泪。每当中华民族处于危难之际，慷慨赴国难的仁人志士无不浸染着几分悲情色彩。

收缴鸦片

1839 年 1 月 8 日，林则徐奉旨前往广东查禁鸦片。在到达河北省良乡县时，林则徐命人发出《传牌》，昭告沿路驿站及地方官员，一切接待从简，禁止铺张浪费，禁止收受礼品等官场陋习，如有违背者，将依法处置。

奉旨前往广东查办海口事件传牌稿

为传知事：

照得本部堂奉旨驰驿前往广东查办海口事件，并无随带官员供事书吏，惟顶马一弁、跟丁六名、厨丁小夫共三名，俱系随身行走，并无前站后站之人。如有借名影射，立即拿究。所坐大轿一乘，自雇轿夫十二名；所带行李，自雇大车二辆、轿车一辆。其夫价轿价均已自行发给，足以敷其食用，不许在各驿站索取丝毫。该州县亦不必另雇轿夫迎接。至不通车路及应行水路之处，亦皆随地自雇夫船。本部堂系由外任出差，与部院大员稍异。且州县驿站之累，皆已备知，尤宜加意体恤。所有尖宿公馆，只用家常饭菜，不必备办整桌酒席，尤不得用燕窝烧烤，以节糜费。此非客气，切勿故违。至随身丁弁人夫，不许暗受分毫站规、门包等项，需索者即须扭禀，私送者定行特参。言出法随，各宜懔遵毋违。切切。须至传牌者。

右牌仰沿途经过各州县驿站官吏准此。

此牌由良乡县传至广东省城，仍缴。

经过60余天的日夜兼程，林则徐于3月10日到达广州。8天后，林则徐开始从对外和对内两个方面布置禁烟举措。首先，他要收缴外国商人手中的鸦片，断绝鸦片来源。3月18日，林则徐传讯广州十三行的行商，历数他们纵容外国商人走私鸦片的罪责，命令他们让外商把手中的鸦片全部交出来。还要出具甘结（保证书），保证以后永远不走私鸦片，一旦被查到，甘愿被判处死罪。行商头目伍绍荣想通过巨额的金钱贿赂林则徐，林则徐听后怒斥伍绍荣道："我不要你的家财，我要你的脑袋！"吓得伍绍荣匍匐在地，不敢再言。最后，林则徐向这些心存侥幸的行商们说出了自己禁烟的决心："若鸦片一日未绝，本大臣一日不回，誓与此事相始终，断无中止之理！"广州十三行的洋商们这才意识到，林则徐这位钦差大臣来广东禁烟是动真格的！

小贴士

广州十三行：鸦片战争前广州官府特许总揽对西方各国贸易的商行，并负责承保缴纳欧美商人船货关税，转达官府与欧美商人间一切交涉，管理约束欧美商人。前来广州贸易的欧美商人，都住在广州城外濒临珠江的十三行商馆。"十三"只是个大概的象征性数字，商行的数量不止十三家。

林则徐对内采取劝说与惩罚相结合的禁烟方针，断绝鸦片的消费市场，连续发布多个禁烟文告，查拿烟犯，收缴烟土、烟枪，严禁吸食鸦片，并帮助已吸食成瘾者戒烟。林则徐发动爱国士绅在广州大佛寺设立收缴烟土、烟枪总局，将收缴的鸦片烟土、烟枪全部集中销毁。长期遭受鸦片毒害的民众无不拍手称快！

林则徐在广东禁烟期间，所面临的对手是当时世界上最强大的新兴资本主义国家——英国，当时的英国已经对清朝的疆域、政治、军事、文化等方面了如指掌。而清朝上下由于长期闭关锁国，对这个千年不遇的对手茫然无知，也不屑于去了解。林则徐属于当时少有的开明派、实干派官员，秉承了“经世致用”的思想。林则徐深刻感受到清朝官员们对外部世界了解极少，他在奏折中说：“沿海文武官员对外界一无所知，震于英吉利之名，而实不知其来历。”

《孙子兵法》曰：“知己知彼，百战不殆。”林则徐深知，要想对付西方的鸦片商人，就必须探访对方的情况以知其虚实。当时毗邻广州的澳门早已被葡萄牙长期占据，澳门成为来华的西方人聚居的地方。林则徐得知居住在澳门的西方人会出版报纸报道中国的情况，于是便派人购买过来，同时招募了一批曾在海外生活过、熟知外语的中国人进行翻译。当时翻译的报纸主要有《广州周报》(Canton Press)、《广州纪事报》(Canton Registers)、《新加坡自由报》(Singapore Free Press) 等。他还组织译员将英国人约翰·弗朗西斯·德庇时 (John Francis Davis) 写的《中国人》摘译成《华事夷言录要》。他们将外国人在澳门出版的报纸翻译并汇编成《澳门新闻纸》供林则徐等官员参考，这可以说是中国最早的“参考消息”了。

更难能可贵的是，当时林则徐想到了利用国际法跟英国交涉的方法，于是特意让翻译人员将瑞士人滑达尔

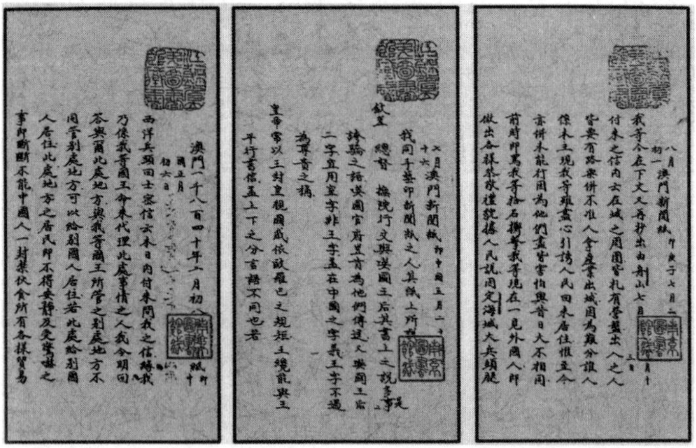

1839—1840 年林则徐组织翻译的《澳门新闻纸》抄本(南京图书馆藏)

于1758年出版的《国际法运用在行为和民族与主权事务的自然法则的原则》中的主要内容翻译成中文，并将中文版命名为《各国律例》，这可以说是中国最早翻译的国际法著作。滑达尔的著作强调国家主权，包括“一个国家拥有禁绝外国货，没收走私货，以及进行战争的权利”等相当广泛的内容，林则徐准备运用这些国际法知识，与英国侵略者进行有理有据的斗争。此外，林则徐还组织人员翻译了英国的《世界地理大全》，编为《四洲志》。林则徐开创了中国近代学习和研究西方的先河。

林则徐学习外国法律、运用外国法律的行为开创了近代中国的先例。当时《澳门月报》对林则徐翻译外国书报的行为做出了高度评价：“中国官府全不知外国之政事，又不询问考求，故至今中国仍不知西洋……中国人果要求切实见闻亦甚易，凡老洋商之历练者及通事、引水人，皆可探问。无如骄傲自足，轻慢各种蛮夷，不加考究。惟林总督行事全与相反，署中养有善译之人，又指点洋商、通事、引水二三十位，官府四处探听，按日呈递。亦有他国夷人，甘心讨好，将英吉利书籍卖与中国。林系聪明好人，不辞辛苦，观其知会英吉利国王第二封信，即其学识长进之效验。”正是因为林则徐在闭目塞听的清王朝率先开启了了解外部世界的窗户，因此他被后人称为“开眼看世界之第一人”。

自1839年3月18日林则徐传讯行商，要求外国商人呈缴鸦片之后，外国商人多次召开会议，多次向行商询问，想象征性地交出1036箱鸦片应付了事。林则徐还下达了逮捕英国鸦片贩子颠地的逮捕令。但英国商人拒绝了林则徐的这一要求，林则徐于1839年3月24日命令海关监督停止一切贸易。在外国洋行工作的中国仆人、厨子、苦力和买办也接到命令纷纷离开洋行，一时间，空荡荡的外国商行区就跟“墓地”一样。为防止外国商人逃离广州，洋行外面所有通道均被用砖砌死，并驻守了士兵，不准外国人通行。面对林则徐严厉的禁烟政策，鸦片烟贩被迫同意交出手中的鸦片。

虎门销烟

从1839年4月10日至5月20日，林则徐和邓廷桢亲临虎门监督收缴鸦片。一开始，收缴地点设在龙穴岛，但因风浪太大，为了加快收缴进度，从14日起，缴烟地点转移至沙角炮台码头，在一个多月的时间里，共收缴鸦片多达2376254司马斤。

小贴士

司马斤：中国自周代开始就有重量单位：斤、两、钱、分，也称为“司马斤”“司马两”，计量的工具叫作“司马秤”，这一标准也叫“司马平制标识”。一司马斤等于十六司马两，“半斤八两”这个词就是这么来的。1司马斤大约等于今天的1.2斤，也就是0.6千克。

收缴鸦片之后，如何处理？这是个大问题，如果处理不好，则可能被人污蔑没有全部销毁鸦片、贪污、私售等罪名。林则徐曾上奏道光帝，建议收缴完毕后，派人押送到京城，经朝廷查验完毕后公开销毁，道光帝表示同意。但后来浙江道监察御史邓瀛上奏，认为运送鸦片进京是劳民伤财之举，建议将收缴的鸦片就地销毁。道光帝采纳了邓瀛的主张，5月9日颁布谕旨，表示对林则徐绝对信任，同意在广东就地销毁鸦片。

鸦片用什么方法销毁呢？林则徐在湖广禁烟时曾将鸦片用桐油搅拌后点燃焚烧，但烧过之后，鸦片会有残留的烟膏渗透到土中，一些不良的鸦片烟民还可以从土中将鸦片提炼出来。为了彻底销毁鸦片，林则徐广泛征询销烟的方法，最后决定采用以生石灰和卤水浸泡鸦片的方法，使鸦片没有丝毫残留。

1839 年 5 月，林则徐雇请民工在虎门海滩开挖了两个边长 50 余米的大水池，池岸四周设置木栅栏，禁止闲人入内。水池边缘用木桩和木板封住，池底平铺石板，以防鸦片残渣渗入泥土，池前设排放残渣废水的涵洞，后通引水的水渠，整个销烟池的构造科学实用。一切安排就绪后，6 月 1 日，林则徐按照传统民俗祭告海神，希望江海中的生灵能避开销烟池排放的污水，以免惨遭毒害。林则徐在销烟前夕诸事繁杂的情况下，还能想到销烟可能会殃及鱼虾等水生动物，祈祷它们避开，这种纯洁、慈悲之心着实让人感动！

1839 年 6 月 3 日，钦差大臣林则徐在广东巡抚怡良等官员的陪同下来到虎门。销烟池旁搭起一座礼台，周围站满了负责警卫的士兵。在隆隆的礼炮声中，虎门销烟正式开始。一群袒胸赤脚的工人将鸦片烟球切成小瓣抛入池内，经过一段时间卤水的浸泡，又把一筐一筐的石灰倒进去，顿时销烟池内沸腾起来，浓油上涌、渣滓下沉，围观的人群欢呼雷动！一池的鸦片销毁完毕，便打开排水洞，鸦片残渣便被冲入大海。另一个水池中的鸦片已经浸泡了一段时间，便可以开始同样的销毁流程，两个水

林则徐虎门销烟图

池轮流操作，不用半天时间，170 多箱鸦片已被销毁殆尽。整个销烟过程从 6 月 3 日一直持续到 6 月 23 日，除中间端午节暂停销烟外，每天的销烟数量多达 1500 箱左右。20 天共销毁鸦片 2376254 司马斤（约 285 万斤），如果用载重 10 吨的中型卡车运输的话，需要 143 辆卡车才能运完。如果折算成银两，销毁的鸦片值 800 万—1000 万两白银。

在虎门销烟之前，外国人并不相信林则徐会销毁鸦片，有的人甚至断言中国人不会销毁一两鸦片，他们估计清政府会将收缴的鸦片由政府专卖赚钱。林则徐为了让人们见证朝廷禁烟的决心，事先发布告示，允许百姓和在广东的外国人参观销烟的全过程。原本对林则徐禁烟持怀疑态度的外国人，亲眼看见了虎门销烟的场面后，不得不佩服林则徐的决心和认真态度，有些外国人感觉实在难以置信。当时获得林则徐邀请的美国传教士裨治文后来回忆道："我们曾反复考察过销烟的每一个过程，他们在整个工作进行时细心和忠实的态度，远出于我们的臆想。我不能想象再有任何事情比执行这一工作更忠实的了。在各个方面，看守显然比广州扣留外国人的时候严密得多。镇口有个穷人，因仅试图拿走身旁的一点鸦片，几乎立即就被依法惩办。即使偷去一点鸦片，那也是要冒着极大的生命危险的。目击后，我不得不相信这是一个事实。"

销烟池旧址

美国传教士卫三畏这样评价道："鸦片是在最彻底的手段下被销毁的。……全部事务的处理，在人类历史上也必将永远是一个最为卓越的事件。"虎门销烟向世界宣示了中国禁绝鸦片的坚定决心，林则徐在虎门销烟中所体现出的清正廉洁的高尚品质、临危不惧的大无畏精神以及雷厉风行的做事风格赢得了世人的尊敬和赞扬。

第四章　鸦片战争

【导语】在很多人的印象中，1840 年爆发的中英鸦片战争，是英国为了维持鸦片贸易而发动的战争。但有的学者提出：鸦片战争的叫法不准确，应该叫“中英贸易战争”，因为战争的目的不是为了鸦片贸易。美国学者马士谈到鸦片战争爆发的原因时，是这样描述当时清朝和英国对战争原因理解的差异的：“中国人认为鸦片是战争的唯一理由。英国人却认为鸦片战争不是为了维持鸦片贸易而进行的斗争，它是为了东方和西方之间应有的国际和商务关系的斗争。”在谈到鸦片战争爆发的原因时，我们通常认为：鸦片战争爆发的直接原因是虎门销烟，根本原因是英国想打开中国市场。对这句话我们应当怎样理解呢？

林则徐是鸦片战争爆发前夕的重要人物，有人认为他是让敌人闻风丧胆的民族英雄，有人却认为他应该对战争的爆发负有责任。

鸦片战争究竟是怎样爆发的？鸦片战争中的林则徐究竟是怎样的？为什么清朝和英国对战争爆发的原因有着不同的理解？带着这些疑问，我们来重温鸦片战争。

鸦片战争前的中国与世界

17 世纪中期至 19 世纪中期的世界，是一个停滞与勃发、保守与革新相并存的世界。欧洲与北美的一些主要国家，民主与科学的思想迸发，社会上下出现剧烈变革；而以中国为代表的国家则正处于封建统治的全盛时期，思想文化禁锢、保守，社会发展停滞不前。从此，东方与西方分裂为两个不同的世界。

假如我们可以穿越时空，进入时间隧道，到 17 世纪的太空中俯瞰地球，以快进的方式看地球上的各个国家，在鸦片战争前的 200 年的时间里，这些国家都在做着什么？我们截取其中几个片段，来直观地感受当时欧洲强国的崛起和中国一成不变的步伐。

时间隧道片段(17—19 世纪)

顺治六年(1649)，英国斯图亚特王朝被推翻，英吉利共和国成立，英国资产阶级登上了历史舞台。

康熙二十六年(1687)，英国科学家牛顿的《自然哲学的数学原理》出版发行，这是一本第一次科学革命的集大成之作，被认为是古往今来最伟大的科学著作，它在物理学、数学、天文学和哲学等领域产生了巨大影响。

康熙二十八年(1689)，英国议会颁布《权利法案》，以法律形式对国王的权力进行制约，国王只能依据宪法和法律进行统治。英国由封建专制社会正式步入资产阶级民主社会。

雍正八年(1730)，翰林院庶吉士徐骏因写了“清风不识字，何必乱翻书”的诗句，被认为用“清风”影射大清，雍正帝下令将徐骏处死并将其文稿全部焚毁。文字狱自古就有，以清朝最盛。整个清朝大大小小的文字狱有120余起，严重阻碍了思想、文化的发展。

乾隆十三年(1748)，启蒙运动的著名思想家孟德斯鸠在法国出版其专著《论法的精神》，提出立法、司法、行政三权分立理论，成为此后资产阶级大革命的政治纲领。

乾隆二十七年(1762)，法国启蒙思想家卢梭的《社会契约论》出版，奠定了他在思想史上的崇高地位。《社会契约论》是卢梭最为杰出的代表作之一，书中“主权在民”的理论具有划时代意义。

乾隆三十七年(1772),清政府借编纂《四库全书》之机,广征天下图书,对凡被认为对清朝不利的书籍进行修改或毁灭,连纯粹的科学技术、经济方面的书籍也在焚毁之列。遭销毁的书籍达3000种以上,这与《四库全书》所收书籍几乎一样多。

乾隆四十一年(1776),美国发表《独立宣言》,一个充满活力的崭新的资本主义国家诞生。《独立宣言》在人类历史上第一次以政治纲领的形式提出了人人生而平等、政府必须经人民的同意而组成等原则。

乾隆五十年(1785),英国的仪器修理工詹姆斯·瓦特制成的改良型蒸汽机投入使用,这大大推动了机器的普及和发展,人类由此进入"蒸汽时代"。

乾隆五十四年(1789),法国大革命爆发,资产阶级制定了革命的纲领性文件《人权宣言》,宣布自由、财产、安全和反抗压迫是天赋不可剥夺的人权,阐明了司法、行政、立法三权分立及法律面前人人平等、私有财产神圣不可侵犯等原则。这是人类历史上第一部正式的人权宣言。

嘉庆十二年(1807),美国发明家富尔敦设计和制造的世界上第一艘轮船"克莱蒙特"号在美国纽约港试航,本次试航的成功,轰动了全球,为世界造船业开辟了一个新纪元。

通过上述一些历史片段，我们可以看到，当时中国的思想、政治、文化、科技等方面已经远远落后于先进的欧美等国。然而闭目塞听的大清王朝虽然落后却不自知，清朝统治者将世界其他国家视为“蛮夷”，把外国使节来中国视为“朝贡”，这些无不反映了清朝统治者君临天下的自大心态。

鸦片战争前的中英交往

贸易往来

15 世纪至 17 世纪的西欧各国奉行重商主义。重商主义包含的理念大致是：对外贸易的出口量必须超过进口量，保持“贸易顺差”，以此不断积累国家的财富。在重商主义理论指导下，英国人开始海外殖民与海外贸易，并在对外贸易中遵循多卖少买、多收入少支出的原则，在英国政府的保护下，英国的工商业阶层迅速成长，英国国力也迅速增强，相继击败西班牙、荷兰、法国等欧洲强国，发展成为世界上最强大的“日不落帝国”。英国的商船遍及世界各地，与中国之间的贸易主要在广州进行。

与西方国家截然相反的是，中国古代一直奉行“重农抑商"的政策，根本不重视商业的发展。康熙二十四年(1685)，清政府在江苏、浙江、福建、广东设立了四个海关，作为中外贸易的港口。乾隆年间，一些欧美商人不满广东海关官员的各种勒索和苛捐杂税，多次前往浙江宁波进行贸易，这引起了清政府的不安，清政府怕外国人多了会危及自身的统治，于是在乾隆二十二年(1757)下令，关闭江苏、浙江、福建三地的海关，只允许欧美商人在广州进行贸易，史称"一口通商"。

小贴士

重农抑商：中国历代封建王朝最基本的经济指导思想，其主张是重视农业、以农为本，限制工商业的发展。"重农抑商""农本商末"政策深深制约和影响中国历史。在中国古代，每年春天的时候，国家要举行皇帝亲耕的仪式，表示对农业的重视。明清两代的皇帝都要到先农坛祭祀先农神，祈祷丰收。然后皇帝亲自耕种农田，行耕籍礼，以寓劝农之意。其礼仪为皇帝扶犁在籍田中往返三次，各级官员也按其品级在田中往返一定的次数。明代皇帝耕籍时，由顺天府尹捧着青色的箱子在后面播种，并以官员率平民将余下的籍田耕完告终。

当时在广州的外国商人并不能像今天的商人这样自由活动，他们要严格遵守清政府对他们的种种限制。虽然当时的西方列强比清朝发达，然而，闭目塞听的清朝统治者却依然以“天朝上国”自居，将英、美等西方国家视为野蛮民族，在往来文书中蔑称之为“夷”。在中西交往中，以“夷夏之防”的观念严加防范。

为了坚守“夷夏之防”的观念，防止“以夷变夏”，清政府对来华商人进行了各种限制，可谓是严防死守。例如，外国商人只能跟清政府指定的广州十三行商人进行贸易，不能随便跟中国人做生意；外商必须住在广州城外的商馆内，不能住在广州城内，不得在广州过冬；外商在广州不能坐轿，不得雇佣中国女佣，不准购买中国书籍，不许学中国话，如果有人胆敢教外国人“中华上国”语言，将被当作卖国贼论处。外国妇女只能在澳门安置，不得进入广州，理由是外国妇女的服饰和举止有伤风化。上述种种限制让欧美等国的商人很不满意。

但是最让外商不满意的，甚至可以说是愤怒的是官员们对他们的各种勒索。来广东贸易的外国商人除了要交纳政府规定的关税以外，还得交纳各种不确定的杂费。海关官员还会利用手中的职权向外商索取贿赂，如果不给，那将面临各种刁难。如此种种，让外国商人很想改变这种贸易体制,增加别的通商口岸。

在欧美等国中,葡萄牙是最让其他国家羡慕的,因为葡萄牙在明代就获得了在澳门的居住权,澳门成为葡萄牙在东方的贸易基地,也成为在华外国商人的落脚地,在澳门的西方商人就避免了清政府对外国商人的种种限制。英国很想效仿葡萄牙在中国也获得一个岛屿作为贸易基地,并想说服清朝统治者开放更多的通商口岸。另外,英国商人认为,他们在广州受到的委屈清朝皇帝并不知道,因此他们觉得有必要到北京向皇帝控诉他们在广州受到的不公正待遇。

马戛尔尼访华

1792 年,英国政府任命马戛尔尼为访华特使,率领包括外交官、学者、医师、画家、乐师、技师等人在内的数百人的庞大使团,以为乾隆帝祝寿的名义访问中国。英国人终于可以踏入这片广袤的国土,看清这个神秘国度的真实面目。

1793 年 7 月,英国访华使团抵达天津,清政府派出官员予以隆重接待,以马戛尔尼为首的英国访华使团带来了丰厚的“国礼”,其中大部分是当时西方最先进的工业、军事、科技产品。负责接待的官员将英国使团的船只上悬挂了“英吉利贡使”的旗帜，显然清朝政府将英国使团视为前来朝贡的“蛮夷”。英国使者想给清朝负责接待的官员们演示一下英国的新式大炮，这本是一个见识、学习西方先进文明的好机会，但是清朝统治者却将西方的先进科技视为“奇技淫巧”，当时的股肱大臣福康安态度冷淡地说：“看亦可，不看亦可，这火器操法谅来没有什么稀罕。”

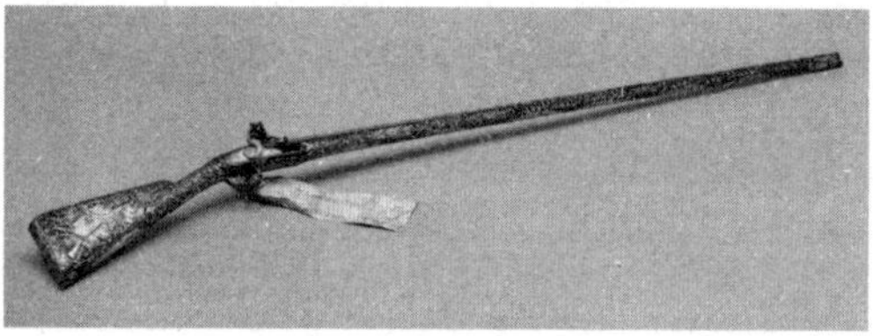

英国使团赠送的燧发枪（故宫博物院藏）

马戛尔尼亲眼看见了清军装备的落后，因此有意展示一下连西方都很少见的新式装备，没想到福康安却不屑一顾。马戛尔尼对福康安的冷淡态度难以理解，他在后来的回忆录中写道：“我虽然不能断言他是否真的见过新式火器的演练，但我可以断言目前中国军队绝对没有这些新式火器。既然没有，却又故步自封，以‘没有什么稀罕’一言了之，实在不明白他的用意何在。”英国使团赠送的部分先进武器装备被清政府当作展品陈设在圆明园，以此展示清王朝的文治武功，直到第二次鸦片战争时期，被攻进圆明园的英法联军发现，英法联军把这批武器当作战利品掳走了。

9月8日英国使团到达避暑山庄觐见乾隆帝。中英双方因为觐见礼仪发生分歧，清朝官员想让英国使臣行中国跪拜之礼，对皇帝三跪九叩，即连续跪拜三次，每次磕三个头。英国使臣认为，这有损英王的尊严，坚持用英国人拜见国王的礼仪拜见乾隆帝，即单腿跪拜，并拉皇帝之手亲吻。英国人的礼仪让清朝官员瞠目结舌，皇帝的御手哪能允许臣下触碰？经过一番争论，最后双方达成一致意见：单膝跪地，但不许亲吻皇帝的手。

乾隆帝画像（故宫博物院藏）

觐见皇帝完毕后，马戛尔尼向清政府提出了此次访问的真正目的：允许英商到宁波、舟山和天津贸易；准许英商像以前俄国商人一样，在北京设立商馆；将舟山附近一处海岛让给英国商人居住和收存货物；在广州附近划出一块地方，任英国人自由来往，不加禁止；英国商货自澳门运往广州者，享受免税或减税；确定船只关税条例，照章纳税，不额外加征。

乾隆帝知道英国使团此行的真正目的后，大为不悦，便全部拒绝了使团的请求，并在敕谕中说："天朝物产丰盈，无所不有，原不藉外夷货物以通有无。特因天朝所产茶叶、瓷器、丝斤为西洋各国及尔国必需之物，是以加恩体恤，在澳门开设洋行，俾得日用有资，并沾余润。"这段文言文翻译成现代话的意思大概是："我们天朝什么都有，并不需要用贸易来跟外国换取我们没有的东西，只是因为我们天朝产的茶叶、瓷器、丝绸都是外国人所必需的东西，所以我们才为了体恤你们，在澳门和你们做贸易，让你们沾光。"这道敕谕让马戛尔尼的使命化为泡影，也让清朝闭目塞听、骄傲自大的心态暴露无遗。

马戛尔尼提出延长在北京的居留时间，想再努力争取一下，但被清政府拒绝了，马戛尔尼只好踏上了返回的路程：先从北京到广东，再从广东回国。虽然此次访华没有达到预期的目的，但马戛尔尼也不是一无所获，他看到了大清王朝的真面目：外强中干。马戛尔尼在从北京前往广东的途中，沿途会有清朝的驻军列队致敬，其实清朝也是为了借机展示军威。但没想到效果适得其反，不仅没有吓到英国人，还让英国人觉得清朝军队很落后。在访华结束以后，马戛尔尼写下了这样的话："如果中国禁止英国人贸易或给他们造成重大的损失，那么只需几艘三桅战船就能摧毁其海岸舰队。"

阿美士德访华

英国使团访华失败之后，中英之间的贸易继续按照以前的规则进行。但后来中英关系一度开始紧张，具体的经过是这样的：

1807 年，法国侵占葡萄牙，英国就想利用这个时机，把澳门从葡萄牙手中夺过来，作为英国的贸易基地。于是英国在 1808 年以保护澳门的名义，要求葡萄牙的澳门总督将所有炮台、要塞、舰船和装备等移交英国海军。澳门总督拒绝英国军队登陆，并向中国官府汇报，两广总督随即中断了中英贸易，英国军队被迫全部撤走。此后中英贸易得以恢复，但清政府对英国的戒心更加严重。1812 年，美国对英国宣战以争夺加拿大，开始长达两年多的战争。1814 年，英国军舰以澳门为基地，在广东沿海劫持美国商船，广东地方官员提出抗议，表示将停止中英贸易，双方关系再度陷入紧张。英国为了减轻清政府对英国的疑虑，也想通过外交途径扩大同清朝之间的贸易，英国政府决定再次遣使赴华。

嘉庆二十一年(1816),英国政府派出以阿美士德勋爵为首的使团出使中国,希望以外交途径打开中国市场,开放广州以北各个口岸。到达中国后,英国使团又因为礼仪的问题同清朝官员发生争执。在前往北京的途中,英国使团的翻译马礼逊负责将英国摄政王乔治写给嘉庆皇帝的信、礼单、使团人员名单及其他相关公文翻译成中文。他发现广东官员在向朝廷禀报时以“贡使”指称阿美士德大使,即刻在公文中把大使和副使翻译成“王差”,将礼品由“贡品”改译为“礼物”等等,以示英国与中国的平等关系。

对于觐见皇帝时的礼仪,清朝官员要求阿美士德在皇帝面前“三跪九叩”,但是阿美士德不同意。于是负责接待的清朝官员想了个自认为很聪明的办法,他们一边向嘉庆帝保证英国大使会跪地磕头,一边在阿美士德刚到达圆明园的时候,想趁他疲惫不堪之际,拉他去觐见皇帝,或许英国大使见到皇帝时一激动,就跪地磕头了。但是阿美士德说自己因为一路舟车劳顿,太疲劳了,不想马上去见皇帝。而且礼服还没有准备,准备递交给皇帝的国书也还没在身边,所以阿美士德任凭清朝官员们急得团团转,他也不同意马上去觐见。结果已经准备就绪的嘉庆帝没有等来英国大使,不明真相的他还以为是英国大使故意怠慢自己，一怒之下，下旨让英国使团立刻回国。结果，风尘仆仆赶到北京的阿美士德，连皇帝的面都没见到，稀里糊涂地就被勒令回国了。英国使团的第二次访华还是以失败告终。

阿美士德使团的失败标志着英国寻求通过外交渠道改变中英贸易关系的做法失败，负责与中国贸易的英国东印度公司不得不接受现实。1817 年，英国东印度公司董事部致信在广州的商人代表：要使贸易持续下去，就继续忍受广州那些讨厌的限制吧。

清朝眼中的英国

在英国与清王朝接触之前，清朝统治者虽然对英国的情况知之甚少，但通过一些来到中国的传教士，清朝皇帝已经对英国对外扩张的情况有所耳闻。例如，英国在东南亚地区的殖民扩张和英国对印度的侵略行为，都引起清政府的高度警惕。

鸦片战争前的很长一段时间内，葡萄牙一直借助澳门的便利优势，垄断了西方国家跟中国的贸易。荷兰人曾经为了打破这种垄断，派出使团访华，在清朝宫廷服务的葡萄牙传教士便在皇帝面前说荷兰人的坏话，使得荷兰访华使团受到了清政府的冷遇，荷兰最终没能打破葡萄牙在华贸易的垄断地位。后来英国为了打破这种垄断行为，试图直接跟清政府建立更密切的贸易关系，这又引起葡萄牙人的不安。为了防止英国人在贸易上跟他们竞争，清朝宫廷里的葡萄牙传教士便利用接近清朝皇帝和官员的机会，想方设法挑拨清政府与英国之间的关系。

马戛尔尼率领的访华使团到达北京后，乾隆帝的宠臣和珅让皇宫中的葡萄牙传教士检验英国使团送给清政府的天文仪器。他们发现天象仪上有好几个零件已经磨损，于是就赶紧把这些情况报告给和珅，利用这件事情大做文章，以此诬陷英国人既奸诈又狡猾。和珅又把这一情况报告给乾隆皇帝，乾隆皇帝自然就不会对英国人有什么好印象。

葡萄牙传教士一有机会就会向清廷散布不利于英国人的言论，说英国已经吞并了世界很多地方的土地，将来很可能也会吞并中国的土地。这无疑会让清政府对英国产生一定程度的警惕乃至恐慌的心理。

马戛尔尼在前往承德避暑山庄觐见乾隆帝的途中，路过长城，他早就听说过这些古代遗留下来的伟大建筑，特意停车走上长城参观。看到长城时，他由衷地发出感叹："超出人力范围，全世界的工程加起来都不能与长城相比。"在旁边陪同的清朝官员则窃窃私语，怀疑英国使臣是在心怀不轨地获取中国的军事情报。当马戛尔尼觐见完乾隆帝原路返回的时候，他发现那条参观长城的路已被堵上了。

马戛尔尼访华 9 年之后的 1802 年，英国趁葡萄牙被法国和西班牙侵略的时机，派出舰队来到澳门，以“共同防卫”的名义要求在澳门驻军。在清朝宫廷中的葡萄牙传教士听说此事后，立刻向清政府告状。他们在奏折中说：“在澳门的葡萄牙人向来享受清朝的恩泽，遵规守矩。然而与中国通商的各国中，有一个叫英国的国家，这个国家的人在西方以性情狡诈、虚伪著称。数十年来，英国处心积虑，想占领全世界，常以通商掩盖其不可告人的险恶用心。中国朝廷威名远震，致使英国人的图谋至今未能得逞。乾隆年间，英国派大使过来，其意图并非仅仅为了通商，而是为了谋求一个岛屿。多亏皇帝英明，令英国人无功而返。然而英国人不会罢休，还会伺机而动。以前英国人借通商之名，借了孟加拉国一个地方临时居住，然后引入大量人口与战舰，将其吞并。孟加拉国毗邻西藏，此事在中国已有所闻。英国人在世界其他地方也用这种伎俩占领土地，若在中国达其企图，将致国无宁日。”

这份报告提醒清政府：英国势力已到达和西藏相邻的孟加拉国，英国吞并孟加拉国的手法可能同样会用于中国。清政府看了这样的报告，对英国自然会越来越提高戒备和警惕。英国政府派出的两个访华使团，每次都是乘兴而来，败兴而归，这跟清政府对英国没啥好印象有很大的关系。

清政府认为英国人不怀好意，所以在广州的各国商人中，英国人最不受待见。英国人认为清政府盲目自大，关税、杂费和不公平的规定太多，让他们感觉很屈辱，英国人越来越想改变清朝的贸易体制。

1833 年，英国通过了废除东印度公司垄断贸易的议案，英国任何商人都可以到中国做贸易了，为了便于管理，英国政府委派律劳卑担任英国驻广州商务监督。律劳卑并不熟悉中国国情，英国女王和外交大臣巴麦尊都叮嘱他要遵守清朝的规矩，不要冒犯清政府。但巴麦尊又嘱咐他“到广州后立即以公函通知总督”，这句话就为后来的冲突埋下了祸患。1834 年律劳卑到广州后，立刻写了公函给两广总督，结果连续冒犯了清政府的规定。

第一，清朝一直禁止中国官员和外国人直接交往，外国人的信件一律由“十三行”的公商代为转呈。但律劳卑拒绝转交，他要亲自交给两广总督。

第二，信件的格式和用词要恰当。外国人给清朝官员的信件要用“禀报”的“禀”，体现下级对上级的关系。

但律劳卑给两广总督的是一份西方式的“公函”，将英国和清朝摆在了平等的位置，完全违反惯例。

第三，外国政府官员未经许可，是一概不准进入广州的，必须在澳门等候批准。但律劳卑等未待批准，就直接到广州了。

律劳卑的这些行为导致的结果是，被两广总督勒令立即离开广州。律劳卑却觉得自己的行为没有问题，相反，他感到自己和大英帝国的尊严受辱而拒绝离开，还指责两广总督卢坤。卢坤一怒之下中断了与英国人的贸易，并撤走英国商馆内的中国雇工，停止对商馆的一切供给。律劳卑则针锋相对地指挥两艘军舰一直打入珠江，来到广州城下，以武力威胁相对抗。双方剑拔弩张对峙了十几天，后来因为感染了疟疾的律劳卑病情加重，双方达成妥协，律劳卑和英国军舰返回澳门，贸易恢复。

“律劳卑事件”将清朝与英国在华商人之间的矛盾又往前推进了一步。在广州的英国商人认为律劳卑和大英帝国的尊严受到了侮辱，于是他们集体给英王写请愿信，要求英国派出公使率领军队直接去北京跟清政府交涉改变贸易体制的事情，如果谈判不成，就以武力封锁中国沿海的贸易，逼迫清政府就范。英国政府并没有按照英国商人的建议采取行动，但我们已经可以看到，中英之间的战争已经很难避免了，战争的火药桶已经形成，需要的只是一根导火索。随着鸦片走私的日益猖獗，鸦片问题进一步激化了中英之间的矛盾，1839 年的虎门销烟最终将战争的火药桶点燃。

林则徐与中英外交冲突

前面我们用了很长的篇幅梳理了清朝与英国之间的贸易往来与矛盾冲突，现在我们再书接上回，讲虎门销烟之后，林则徐与英国人之间的种种交涉，这也是鸦片战争之前中英之间矛盾冲突的顶峰。

具结之争

收缴鸦片是林则徐与英国人之间的第一场斗争，前一章节我们已经讲过。双方的第二场斗争是贸易“具结”。“具结”是指保证书，林则徐为了永远断绝鸦片来源，要求英国驻华商务监督义律代表所有英国商人签订一份保证书，声明：保证以后绝不在货船上私带鸦片，一旦被查出，船上所有货物将被没收，人将被立即处死，甘愿服罪。林则徐承诺，只要签订了保证书，就可以照常在广州贸易。

但是义律拒绝在保证书上签字，他的理由是：按照英国法律，他不能代表现在的商人和将来可能来华的商人签字，连英王也没有这样的权利。

既然英国人拒绝签订保证书，林则徐就禁止他们在广州贸易，要求他们立即回国。义律和跟随他的英国商人拒绝离开，他们一边让美国人帮他们销货，一边在香港附近的沿海飘荡。结果，一波未平一波又起，“林维喜事件”发生了，双方的矛盾再次升级。

林维喜事件

1839 年 7 月 7 日，在香港船舶下锚地临近的尖沙咀村落，发生了一场十分严重的群殴事件，史称“林维喜事件”。当时有一群英国水手到尖沙咀村买酒喝。喝醉酒的水手与村民发生冲突，数名中国人被打，其中一名叫林维喜的中国人受伤严重，并于第二天 7 月 8 日气绝身亡。英国驻华商务监督义律悬赏 200 银圆让人指明凶手，悬赏 100 银圆让人指明寻衅滋事者。他还给了死者家属 1900 银圆作为赔偿，并让他们写下字据承诺命案纯属误会导致的。林则徐听说此事后，认为英国人是在用收买的手段掩盖事实，要求交出凶手，以命偿命。

但是义律说：还没查清楚实情，无法交出凶手。他也拒绝把英国水手交给清政府审判，理由是：英国没有把本国人交给别国审判的法律。林则徐与义律进行了有理有据的斗争，他让人翻译了《英吉利国王发给该国商船禁约八条》，其中第一条是：往别国，遵该国禁例，不可违犯，如违犯亦有罪。林则徐便以此为依据，向义律严正指出："查该国向有定例，如赴何国贸易，即照何国法度。"1839年8月，义律在英国战船上设立法庭私自审讯犯案的英国水手。这实际上是对中国司法主权的严重破坏。在义律的召集下，组成陪审团，义律自任法官。共有6名被告在这次审判中被指控犯下两项罪行：其一是指控英船"蒙加罗"号(Mangalore)水手托马斯·梯德尔(Thomas Tidder)谋杀林维喜，指他在7月7日的骚乱事件中，故意将林维喜凶狠地打成重伤致死。陪审团最后以证据不足否决了这项指控，并将梯德尔释放。其二是指控另外5人犯下非法暴力侵入中国民居，袭击中国居民。陪审团裁定这项罪名成立，义律据此作出判决：2人被判处服苦役3个月，并处罚金15英镑；3人服苦役6个月，罚金20英镑，服苦役的地点是英国教养院。

林则徐遂下令禁止与英国人贸易，驱逐英人出境。林则徐通知管理澳门的葡萄牙官员，将英人全部驱逐出澳门。之前居住在澳门的英商及其家属3000多人被迫离开澳门，在附近的海上飘荡。他们中的绝大部分直接去香港，但当时无法在香港登陆居住，而只是乘坐小船驶往尖沙咀等处，挤上在那里停泊的英国船舰。

居无定所的英国人连基本的生活供应都成为迫切需要解决的问题。林则徐又连续发布告示：禁止任何人对英商供应食物和淡水，如果英国人上岸找食物和淡水，民众都可以开枪阻止或将他们俘虏，如果有人胆敢给英国人做向导，将被就地正法。在林则徐的号召下，沿海民众被组织起来，香港的水井旁被贴上了“此井有毒”的字样，飘荡在海面上的英国人只好用帆布接雨水喝。英国人一时间显得有些狼狈，据说他们在香港饿得半死，大约 2000 人挤在一起，获取粮食极其困难，还受到设在九龙半岛的中国海岸炮台的威胁。

另外，这时英国货物已由英国船只装载源源不断地运抵中国，但是由于清政府禁止与英国人贸易，英国人不能公然而合法地将货物运进广州，货物搁置在船上，因而导致了很大的耗费和损失。

英国人被林则徐驱逐出澳门以后，曾多次试图在香港立足，因此引发了 1839 年 9 月 4 日的九龙之战，以及两个月后的第一次穿鼻之战和官涌之战。但当时英国在中国的战船数量和兵力还不足以保护在香港的英国人，英军在上述交战中均未占到太大的便宜，只得暂时放弃了强占香港的企图，在外洋四散寄泊。这使得义律比以前更加体会到，假使在岸上没有一个立足点作为货栈，那么想和广州方面进行贸易，是不可能的。

致英王的信件

为了彻底解决鸦片走私问题，并避免由此可能引发的中英之间的冲突，林则徐认为有必要写一封信给英国国王，以此阐明清朝对中英贸易和鸦片走私的立场，以避免不必要的误会。1839 年，林则徐与两广总督邓廷桢、广东巡抚怡良共同拟定了一份给英国国王的信，信件的内容是这样写的：

拟颁发檄谕英国国王稿

洪惟我大皇帝抚绥中外，一视同仁，利则与天下公之，害则为天下去之，盖以天地之心为心也。贵国王累世相传，皆称恭顺。观历次进贡表文云："凡本国人到中国贸易，均蒙大皇帝一体公平恩待"等语。窃喜贵国王深明大义，感激天恩，是以天朝柔远绥怀，倍加优礼，贸易之利，垂二百年。该国所由以富庶称者，赖有此也。

惟是通商已久，众夷良莠不齐，遂有夹带鸦片，诱惑华民，以致毒流各省者。似此但知利己，不顾害人，乃天理所不容，人情所共愤。大皇帝闻而震怒，特遣本大臣来至广东与本总督部堂、本巡抚部院会同查办。凡内地民人贩鸦片食鸦片者，皆应处死。若追究夷人历年贩卖之罪，则其贻害深而攫利重，本为法所当诛。惟念众夷尚知悔罪乞诚，将趸船鸦片二万二百八十三箱，由领事官义律禀请缴收，全行毁化，叠经本大臣等据实具奏。幸蒙大皇帝格外施恩，以自首者情尚可原，姑宽免罪，再犯者法难屡贷，立定新章。谅贵国王向化倾心，定能谕令众夷，兢兢奉法，但必晓以利害，乃知天朝法度，断不可以不懔遵也。

查该国距内地六七万里，而夷船争来贸易者，为获利之厚故耳。以中国之利利外夷，是夷人所获之厚利，皆从华民分去，岂有反以毒物害华民之理！即夷人未必有心为害，而贪利之极不顾害人，试问天良安在？闻该国禁食鸦片甚严，是固明知鸦片之为害也。既不使为害于该国，则他国尚不可移害，况中国乎！中国所行于外国者，无一非利人之物：利于食，利于用，并利于转卖，皆利也。中国曾有一物为害外国否？况如茶叶、大黄，外国所不可一日无也。中国若靳其利而不恤其害，则夷人何以为生！又外国之呢羽哔叽，非得中国丝斤不能成织。若中国亦靳其利，夷人何利可图？其余食物自糖料、姜桂而外，用物自绸缎、磁器而外，外国所必需者，曷可胜数。而外来之物，皆不过以供玩好，可有可无，既非中国要需，何难闭关绝市！乃天朝于茶、丝诸货，悉任其贩运流通，绝不靳惜，无他，利与天下公之也。该国带去内地货物，不特自资食用，且得以分售各国，获利三倍，即不卖鸦片，而其三倍之利自在。何忍更以害人之物恣无厌之求乎！设使别国有人贩鸦片至英国诱人买食，当亦贵国王所深恶而痛绝之也。

向闻贵国王存心仁厚，自不肯以己所不欲者施之于人。并闻来粤之船，皆经颁给条约，有不许携带禁物之语，是贵国王之政令，本属严明。只因商船众多，前此或未加察，今行文照会，明知天朝禁令之严，定必使之不敢再犯。且闻贵国王所都之兰顿及斯葛兰、爱伦等处，本皆不产鸦片。惟所辖印度地方，如孟阿拉、曼达拉萨、孟买、八达拿、默拿麻尔洼数处，连山栽种，开池制造，累月经年，以厚其毒，臭秽上达，天怒神恫。贵国王诚能于此等处拔尽根株，尽锄其地，改种五谷。有敢再图种造鸦片者，重治其罪。此真兴利除害之大仁政，天所佑而神所福，延年寿、长子孙，必在此举矣！

至夷商来至内地，饮食居处无非天朝之恩膏，积聚丰盈无非天朝之乐利。其在该国之日犹少，而在粤东之日转多。弼教明刑，古今通义，譬如别国人到英国贸易，尚须遵英国法度，况天朝乎！今定华民之例，卖鸦片者死，食者亦死。试思夷人若无鸦片带来，则华民何由转卖？何由吸食？是奸夷实陷华民于死，岂能独予以生？彼害人一命者，尚须以命抵之。况鸦片之害人，岂止一命已乎！故新例于带鸦片来内地之夷人，定以斩绞之罪，所谓为天下去害者此也。复查本年二月间，据该国领事义律，以鸦片禁令森严，禀求宽限。凡印度港脚属地，请限五月，英国本地，请限十月，然后即以新例遵行等语。今本大臣等奏蒙大皇帝格外天恩，倍加体恤。凡在一年六个月之内，误带鸦片，但能自首全缴者，免其治罪。若过此限期，仍有带来，则是明知故犯，即行正法，断不宽宥，可谓仁之至义之尽矣！我天朝君临万国，尽有不测神威，然不忍不教而诛，故特明宣定例，该国夷商欲图长久贸易，必当懔遵宪典，将鸦片永断来源，切勿以身试法。王其诘奸除慝，以保乂尔有邦，益昭恭顺之忱，共享太平之福。幸甚！幸甚！

接到此文之后，即将杜绝鸦片缘由，速行移覆，切勿诿延，须至照会者。

这封信的内容可以简单概括为如下几点：

第一，英国富庶有赖于中国贸易。

第二，一些不法商人走私鸦片，祸害中国百姓，大清皇帝已派本大臣收缴所有鸦片并销毁，鉴于此次属于自首，皇帝开恩不予定罪，但以后必须严格遵守天朝法律。

第三，听说英国也严禁鸦片，明知鸦片害人，更不应该危害中国。中国出口国外的货物都是外国人所必需的，没有一种是害人的。外国运到中国售卖的货物都是供人玩乐的东西，可有可无，我们之所以保持贸易，无非是为了让天下各国都能分享到好处。

第四，听说英国的法律也很严格，禁止商人携带违禁品在海外贸易，现在我们重申天朝禁令，不要再次违犯。

第五，听说鸦片主要产自英国管辖的印度、孟加拉国等地，希望贵国王能下令铲除这些地方的鸦片，并严令禁止种植鸦片，改种粮食作物。

第六，到英国做贸易的商人需要遵守英国的法律，到中国做贸易的外国人也应当遵守天朝的法律。天朝规定贩卖鸦片和吸食鸦片将被判处死罪，希望英国商人不要明知故犯、以身试法。

林则徐将这封信的拟定稿交给道光帝审阅，道光帝看后批复道："朕详加披阅，所议得体周到。"

林则徐将底稿给幕僚袁德辉翻译成英文，又请美国商人威廉·亨德把袁德辉的英文本回译成中文，以两下对照是否有误。林则徐还不放心，又委托在广州行医的美国医生伯驾另译一份英文稿，再两下里对照。1839 年 12 月，林则徐在接见一些英国商船落难者时，把翻译好的信件给其中一位英国人看，让他再检查一下是否有语句错误。可见，林则徐对于这封信是极其认真和谨慎的。

1840 年 1 月，林则徐托付英船"担麻士葛"号船主弯喇，让他把给英王的信件带往伦敦。英国政府官员看到此信后认为信件内容过于"狂傲自大"，有损英国国家尊严，于是拒绝接收。信件最后落到了英国媒体手里，《泰晤士报》全文发表。

接见英国落难者

1839 年 10 月 12 日，一艘英国三桅船"杉达"号在海南岛附近遭遇海难沉没，中国官兵把英国人救上岸，并给予他们很好的待遇。林则徐听说此事后，便决定接见他们，想通过这些人了解英国对虎门销烟事件的反应，也想通过他们把清政府对英国人走私鸦片的态度和政策传达给更多的英国人。

1839 年 12 月 15 日，“杉达”号上的英国人到达广州天后宫，在那里等待林则徐的接见。负责接待的清朝官员想让英国人在见到林则徐时行跪拜礼，英国人拒绝了。上午 11 点左右，林则徐在两广总督邓廷桢和广东巡抚怡良等官员的陪同下来到天后宫。英国人被引导到林则徐面前按照英国的礼节脱帽、鞠躬，林则徐也起身向他们答礼，然后双方正式开始交谈。

林则徐先是对他们遭遇海难后的情况表示关心，接着向他们询问从英国到达中国的路线和所需要的时间，以及虎门销烟的事情是否已经传到了英国。接下来，林则徐又向他们阐述了这次中英两国贸易纠纷的原因：两百年来，中英两国原本和睦相处，这对两国都是有利的。但是一些英国人明知道鸦片对人体的危害，也知道中国严厉禁止贩卖和吸食鸦片，这些人还知法犯法，行为可耻。现在中国已决心彻底禁绝鸦片，如果查获贩卖鸦片的人，不管是中国人还是英国人都将受到严厉的惩罚。林则徐还给他们看了两本英国传教士写的反对鸦片贸易的小册子，以及五六张英国东印度公司售卖鸦片的单据。

林则徐又跟他们谈到“林维喜事件”，对义律不能交出凶手非常不满，他说：“我不能理解他们为什么会找不到凶手？尤其是他们既然知道有五个人参加了斗殴，这五个人当中理应有一个人被交出来抵罪。”

关于贸易“具结”的纠纷，林则徐说：“英国商船‘担麻士葛’号已经按要求‘具结’贸易了，其他商船为什么还不这样做？是不是担心船员会被斩首、财产会被没收？其实我们没有加害于你们的意思，恰恰相反，我们也体谅你们的难处。我对于英国人并没有丝毫仇恨，只是痛恨那些贩卖鸦片的英国人。”

林则徐还把他写给英王的信拿出来给英国人看，让他们检查一下是否有翻译不当的地方。然后又询问了一些生产鸦片的国家和地名，最后交代他们在英国人面前多宣传一下清朝的优待政策。

可以说，这次接见，双方是比较愉快的，英国人对林则徐的评价也很高，说他“非常谦恭”。我们可以看到，林则徐在这次接见中把当时中英两国之间的几件重要纠纷都谈到了，他是在努力把中国这边的态度和政策传达给英国人，以消除双方不必要的误会。

林则徐与鸦片战争

筹备海防

在林则徐到达广东之前几年，广东水师提督关天培对广东珠江口的虎门要塞加强了全方位的防御。虎门要塞是西方船只进入广州的交通要道，战略位置非常重要。关天培一方面加强广东水师的演练，另一方面，在原有炮台的基础上进行增修或扩建海防炮台，将珠江口两岸的虎门炮台建成具有三重门户的防御体系。在当时的海防要塞中，虎门要塞算是中国力量最强大的海防要塞了。当时有一首民谣这样赞誉虎门炮台："虎门六台，金锁铜关，入来不易，出去更难。"

虎门销烟之后，随着中英矛盾冲突的不断升级，林则徐意识到战争爆发的风险，加强了军事防御。除了加强原有的炮台之外，林则徐又在虎门新建了靖远子炮台，还在香港的尖沙咀和官涌以南的山坡上各新建炮台一座，并加强了各炮台的火力配备。当时林则徐已经意识到英国人在战船和火炮方面的优势，为此他组织摘译了有关欧式大炮瞄准发射技术的书籍，但是学习铸造已经来不及，林则徐开始通过多种方式积极引进西方先进的大炮。

《延龄瑞菊图》

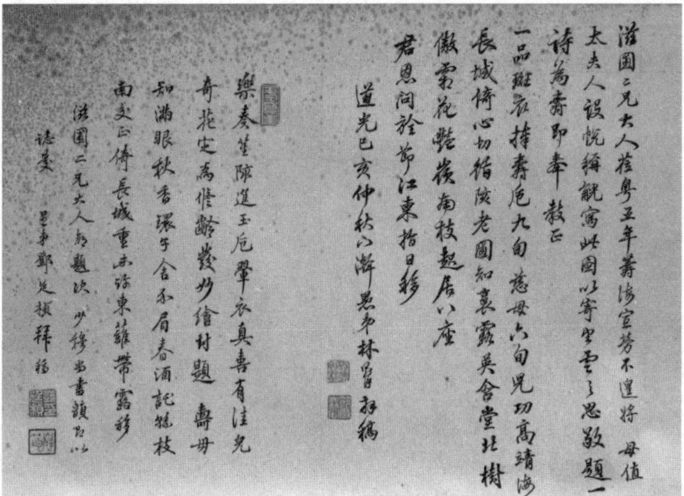

《延龄瑞菊图》中林则徐和邓廷桢的题诗

1839 年，林则徐与两广总督邓廷桢到虎门察看关天培筹备海防的情况，关天培便请林则徐、邓廷桢分别在自己请人为母亲绘制的《延龄瑞菊图》中题诗。

他派人到澳门和新加坡购买葡萄牙和英国制造的铜、铁大炮，装配虎门炮台和广东水师船只。

除了研究和购买西方的火炮，林则徐也在积极组织研究制造新式战船。林则徐在经费困难的情况下，于1840年春，筹资尝试仿造了两艘西方样式的船只，船底也用铜皮包裹，船帆也仿造西洋的船帆，虽然当时的仿造跟真正的西方战船差得很远，但这在当时已经是非常难得的进步。在仿造之外，他还购买更好的船只以提高清军战船的性能。1839年11月末至12月初，林则徐从美国旗昌洋行那里购入“甘米力治”号（“剑桥”号）舰船，将之改造成装炮训练舰，以此提高广东水师的实战能力。

“剑桥”号模型

小贴士

“剑桥”号：林则徐从外国商人手中购买的“甘米力治”号(Cambridge)，也可直译为“剑桥”号。此船是一艘三桅大帆船，三层甲板，长度为 43 米，吃水深度 4.3 米，是近代中国从国外引进的第一艘军舰。“剑桥”号原来是一艘拥有 34 门火炮的武装商船，之后被英国驻华贸易总监义律租用作为在华贸易的护卫舰。后又卖给了广州的美国旗昌洋行。卖船时义律要求把剑桥号的大炮全部拆下来运回印度。林则徐从旗昌洋行购得此船时，船上已没有武器。这艘船被重新改装后，更名为“截杀”号，最初用来作为训练舰，战事吃紧后，它被安排在乌涌炮台前的江面上，作为江面“炮台”，拦截逆流而上的英军舰队。

1841 年 2 月 27 日，英军沿珠江进攻广州，为阻挡英国舰队逆流而上，清军在江面用木排筏和沉船构筑了一条横贯江面的封锁线，包括架设一条横江铁链。在这条封锁线的上游，还泊有 40 多艘战船，形成一道水上的火力网。其中最大战船就是英国人熟悉的“剑桥”号。但是，清军的封锁没能阻挡住英军的进攻，“剑桥”号随即落到了英军手中。英军发现这艘船的状况已经非常糟糕，便决定将其焚毁，燃起的大火烧到了船上的炸药库，“剑桥”号被炸毁。

林则徐还派人秘密绘制出外国各种战船的结构式样，并加以研究。1840 年初，英舰“都鲁壹”号停泊于海口，林则徐派人到澳门探询“都鲁壹”号的火炮、兵力及该舰的构造与性能。当时越南的造船技术比清朝先进，越南帆船具有船桅多、帆樯多样、载重量大、稳定性高等优点，林则徐听说后又下令仿造了几艘越南的战船。

此外，为了弥补广东水师战船的不足，林则徐还从民间雇用了同安船、米艇、红单船、拖风船等共 60 艘大船、百艘小船及 20 艘火攻舟。

林则徐还注意发动沿海渔民，将他们招募来加以训练，组成水勇，以弥补水师力量之不足。林则徐的设想是：中英双方发生武装冲突的时候，他可以利用渔民熟悉水性的优势，对英国船只发动偷袭。

在中英战争爆发前夕，林则徐在广东的布防可谓下足了功夫，作为当时的封疆大吏，能够做到像林则徐这样细致、完备的可谓凤毛麟角。面对可能发生的外来威胁，林则徐负责的广东防务已经严阵以待。

中英实力对比

中英双方的交战已经箭在弦上，这将是东西方两个大国之间的首次真正对决，战争的结局将会怎样呢？接下来，我们先对比一下战争双方的综合实力，相信大家将会对战争的结果有所预判。

首先，我们从整体上对比一下鸦片战争之前中英两国的情况。

1640 年，英国开始了资产阶级革命，资本主义制度代替了旧有的封建制度，到鸦片战争之前，英国在政治上拥有比较完善的君主立宪制，民主制度已经成熟；文化、科技蓬勃发展，涌现出诸如牛顿、瓦特、洛克、亚当·斯密等对世界发展产生重要影响的历史人物。

1644 年，清军攻入山海关，入主中原，清朝建立。清王朝跟以往的专制皇权一样，在政治上实行专制集权制度。文化教育上，读书人专读“四书五经”等古代典籍，参加科举考试。思想上，清朝采取高压政策，制造多起“文字狱”，严重禁锢了人们的思想。经济上，继承了传统的“重农抑商”政策，以自给自足的小农经济为主，与外部世界交往甚少，几乎处于自我封闭的状态。

其次，我们具体对比一下，鸦片战争之前中英两国的军事实力。

第一，军队对比。英国此时拥有陆军 14 万，连同用于内卫的国民军，共有 20 万。同时英国在海外拥有大量的殖民地，可以招募外籍雇佣兵（招募外籍兵是欧洲国家的常例)。军官则是经过正规军事学校培训出来的。大清的军队由 20 万八旗兵与 60 万绿营兵组成。总兵力约 80 万。由于清军的主要任务是维护国内的统治秩序,战争时期只能从各地临时抽调兵力。清朝没有正规的军事院校,平时军队缺乏训练,战斗力较低,调兵速度慢,难以应对近代化的西方军队。

第二,火炮对比。鸦片战争时期英军的火炮在样式和机制原理上和清军火炮大体相当。但工业革命使英国的冶炼技术和铸炮技术大为提高,炮身重量从几百斤、几千斤到万余斤;英军还配有先进的炮车,大大增加了火炮的机动性能。清朝的冶炼技术和铸炮技术落后,铸炮的铁质杂、气孔多,放射时很容易炸裂,毛糙的炮膛和不合理的设计比例降低了射击精度。清军的火炮大多数没有炮架,只能固定射击。即使有炮架的也只能调整高低夹角而不能左右旋转,限制了射击范围。清军的许多火炮没有瞄准器具,士兵靠经验来瞄准。清军重型火炮的最大射程约 1500 米,而英军舰炮的有效射程就已经达到 1500 米,最远射程可达 4500 米。清军火炮的射速大约 6 分钟 1 次,而英军火炮射速达到每 2 分钟 3 次。

英军铁炮

清军铁炮

（鸦片战争博物馆藏）

第三，炮弹对比。鸦片战争时期清军只有实心弹，如果击中英军的战舰，只能在木板上打个洞或者打断船的桅杆。英军不仅有实心弹而且还有大量的爆炸弹，爆炸弹的比例达到 40%—60%，相对清军的实心弹而言，爆炸弹杀伤力极强。

英军爆炸弹

英军霰弹

（鸦片战争博物馆藏）

第四，火药对比。鸦片战争时期，中英两国使用的都是黑火药，但是英军火药在科学理论的指导下配方更为合理，而且已经实现了机器工业的标准化生产。而清军火药配方靠的是经验传承，依靠的是手工业生产，火药的质量不如英军火药。

第五，战船对比。英国按战船配备的火炮数目将战船分为六级，如一级战舰配备 100 门以上火炮，二级战舰配备约 90 门火炮，三级战舰配备约 70 门火炮等，同一级战船随时代变化载炮数也不断增加。清军最大战船的排水量还不如英军最小的军舰，清军安炮数量最多的战船，其火炮数量只相当于英军安炮数量最少的军舰。清军水师的战船只能在近海作战，不能到深海区作战。

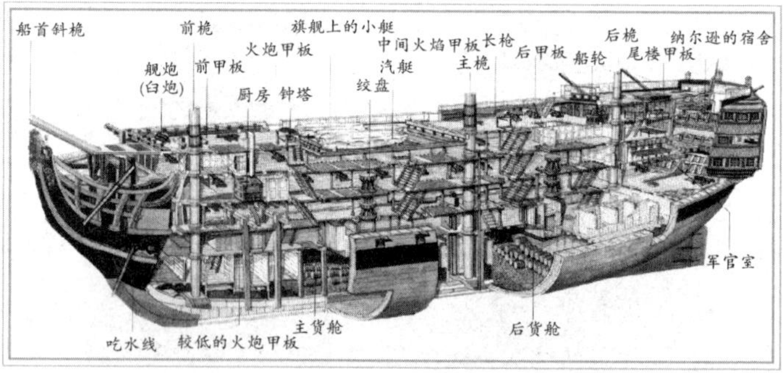

18 世纪英军一级风帆战列舰“胜利”号内部结构图

第六，炮台对比，清军炮台结构比较简单，炮台周边是围墙，炮位是露天的，炮台周围没有壕沟、暗道等防御设施。当时欧洲的炮台则先进很多，是堡垒式的，结构更复杂，防卫性能更好。因此，清军炮台在英军眼里是很幼稚的。

第七，火枪对比。英军装备了当时世界上比较先进的两种军用枪：一是伯克式（Barker）前装滑膛燧发枪，射程约200米，射速为2—3发/分钟。二是布伦士威克式（Brunswick）前装滑膛击发枪，射程约300米，射速为3—4发/分钟。英军的枪上都配置了刺刀，这意味着英军可以单体作战。清军火绳枪的种类达58种之多，大同小异，其中装备最多的是兵丁鸟枪。兵丁鸟枪仿造自明代引进的“鸟铳”，枪长2.01米，射程约100米，射速为1—2发/分钟。清军鸟枪无定期修造报废更换制度，长时间得不到更新。

英军燧发枪的枪机和燧石
（鸦片战争博物馆藏）

清军使用的火器主要不是中国发明研制的，而是仿造了明朝时期引进的西方火炮、火绳枪等，与英军相比整整落后了200多年。清军的火器不仅落后，而且配备率还不高，只有一半的清兵能配备鸟枪，很多清军使用的还是冷兵器。如果用一句话概括鸦片战争时期中英武器装备的差异，那就是：英军已经处于初步发展的火器时代，而清军仍处于冷热兵器混用的时代。

1832年，英国东印度公司派遣商船"阿美士德"号(Amhest)到中国沿海进行侦察活动。他们不仅绘制了详尽的航海图，还看透了中国军队，下面是他们侦察后的结论："中国军队的实际存在，除了在花名册之外，是很可怀疑的。刀是最坏的一种，实际上是一片铁；炮很脏，而且生锈了。箭挂在墙上，却没有弓，据说弓挂在对岸另一个地方……""炮台是一座极为巨大的结构。……可是最蹩脚的军队也能攻破它。……我确信有些炮对炮手们要比对他们所瞄准的敌方更加危及性命。""由大小不同的一千艘船只组成的整个中国舰队，都抵御不了一艘英国战舰。"

通过上述对比，我们可以发现：鸦片战争前夕的中国与英国，一个是沉睡中的封建帝国，一个是新兴的资本主义强国。一个在妄自尊大中停滞不前，一个在咄咄逼人中不断扩张。两者即将不可避免地发生碰撞，碰撞的结果又会如何呢？

战前武装冲突

由于义律拒绝让英国商人签订贸易保证书，也一直没能交出杀害林维喜的凶手，林则徐下令将英国人驱逐出境，但英国船只一直在沿海停泊，林则徐下令，如果不签订保证书却在中国沿海逗留的英国商船，将被清军烧掉，并且向英国人发出了警告。

林则徐下令将英国人驱逐出境之后，英国人的生活情况日趋窘迫，义律向英国驻印度总督请求武力援助，英军战舰“窝拉疑”号抵达中国。1839 年 9 月 4 日，义律率领“窝拉疑”号和另外 3 艘小船到九龙半岛，要求中国官员供应他们食物，遭到中方拒绝后，义律下令向清军开炮。清军在大鹏营参将赖恩爵指挥下奋勇还击，持续战斗 4 个小时。连英国人也承认：清军作战相当骁勇。由于英军的战舰“窝拉疑”号无法靠近加入战斗，参战的都是一些非正规的小型船只，所以英国人没能占到便宜，被迫撤退。

1839 年 11 月 2 日，义律率领“窝拉疑”号和“海阿新”号战舰抵达虎门海口的穿鼻洋面，他们送来一封信让清朝守军转交给林则徐，要求林则徐收回命令，并且允许英国人上岸居住。11 月 3 日，广东水师提督关天培率领兵船过来做出答复，要求英国人先交出杀害林维喜的凶手。双方互不退让，英国军舰率先开炮轰击，广东水师提督关天培遂下令开炮还击。

广东水师提督关天培画像

关天培站立在战船桅杆前面，持刀督阵，战斗中有英舰炮弹飞过桅边，剥落桅木，关天培虽手受轻伤仍持刀屹立，并取银锭放在桌案上，鼓励兵士英勇杀敌，如果击中敌船一炮就赏银两锭。

根据英国方面的记载，这次冲突清军并不占上风，有3艘清军战船被击沉，1艘战船的火药舱被击中而爆炸，还有几艘战船已经明显进水。而英军的“窝拉疑”号战舰仅受了点轻伤，英军没有人员伤亡。

在敌我实力悬殊的情况下，大部分清军战船已被打退，唯独关天培的旗舰并没有后退，而是继续向英国战舰开火。关天培的英勇赢得了对手的尊敬，义律对于这位已年过六旬的老人非常钦佩，他命令英军战舰不要再开炮，而是允许这艘已经破损不堪的旗舰开走。事后，义律

穿鼻洋海战图(英国海事博物馆藏)

钦佩地评价道:“水师提督的行为无愧于他的职务,这样说是公正对待一个勇敢的人。……他毫不气馁,以熟练的方式与女王陛下的船舰作战,表现了他行动的决心。”

以上武装冲突是鸦片战争前夕中英双方的两场主要的武装冲突,这使得中英双方在战前的矛盾已经达到顶峰。义律一边在中国与林则徐交涉,一边写信给英国政府建议出兵维护英国的利益,东方古老帝国与当时世界第一强国之间的战争已经无法避免。

鸦片战争爆发

在义律请求英国政府出兵中国的同时,英国的工商业代表也不断向政府请愿,要求政府以强力的手段确保英国在中国的贸易更加稳固、更有保障。英国外交大臣巴麦尊接到工商业代表的请愿书后极立主战。1839 年 10 月，英国政府决定派出对华远征军。

1840 年 1 月 16 日，21 岁的英国女王维多利亚在国会发表演说，指责中国禁烟使英商蒙受巨大的损失，同时也损害了英王的尊严，宣称："我已经并将继续对此深为影响我国臣民利益和我的荣誉尊严的事件，予以严重的注意。"1840 年 2 月，英国政府任命海军少将乔治·懿律和现任驻华商务监督查理·义律为正副全权代表，组成"东方远征军"准备开赴中国。

小贴士

仅 9 票之差最终决定鸦片战争？对于鸦片战争的爆发，国内普遍流行的一个说法是：1840 年 4 月 7 日至 9 日，英国下议院经过激烈辩论，以 271 票对 262 票的微弱多数，否决了詹姆士·格雷厄姆反对对华动武的提案，通过了对华用兵的决议。

不少人看到此处便扼腕叹息，认为英国议会内反对鸦片战争的人也很多，鸦片战争或许有可能避免。其实这是一种误解，因为当时英国议会下院投票表决的是一份由反对党议员詹姆斯·格雷厄姆提出的"对政府的不信任案"。

这份议案主要是抨击当时的首相巴麦尊在对华政策上缺乏远见、思虑不周。议案的目的是反对党想让执政党下台，而不是决定是否应该对华出兵。在英国议会下院举行投票时，英国的舰队已经在前往中国的路上。也就是说，英国对华开战并非经过议会授权，而是首相直接下令。

英国政府向海军部和驻华代表下达的作战部署如下：

第一步封锁珠江口，然后把英国政府给清朝钦差大臣的信送上岸；第二步，以主力占领舟山群岛，在岛上建立指挥部和军事基地，并封锁长江入海口，将英国政府信件的副本再送上岸；第三步，北上天津，抵达白河口，直接与清政府进行谈判。

1840 年 6 月，英国第一批远征军到达中国沿海，其中包括：海军风帆战舰 16 艘，武装蒸汽机船 4 艘，运兵船 1 艘，运输船 27 艘，总兵力六七千人。6 月 28 日，英军封锁珠江口，第一次鸦片战争正式爆发。

英军封锁珠江口后，并没有按照英国政府的要求在广州递交书信，而是仅留下 4 艘风帆战舰和 1 艘蒸汽机船维持对珠江口的武装封锁，其余船只北上浙江沿海，准备攻占舟山群岛。清朝方面并不知道英军的作战计划，林则徐接到英军北上的消息后，误以为英军是害怕广东的严密防守而率军北上的。

1840 年 7 月，英军按计划进攻舟山的定海。尽管定海方面在战前已经做好了战争的防备措施，但面对强大的英军，根本毫无招架之力，英军很快占领定海，英军零伤亡。

1840 年 7 月 30 日，英国渤海远征舰队在旗舰“威里士厘”号统率下，从定海出发前往天津，投递《巴麦尊子爵致中国皇帝钦命大臣函》，要求清政府赔偿英国商人的损失，提出割让一个岛屿给英国商人居住、平等对待英国外交官员等要求。英国军队兵临天子脚下，让道光帝大为震惊。他一边派直隶总督琦善与英国人交涉，一边痛恨林则徐没能做到禁烟的同时又“不能启边衅”的要求。道光帝将战争爆发的责任全归咎到林则徐身上。1840 年 9 月 28 日，道光帝以“误国病民，办理不善”的罪名，下旨将林则徐、邓廷桢革职，命林则徐进京接受查办。

林则徐被革职查办的消息传开后，众人都为林则徐这样的清官遭受这种处罚表示同情和惋惜，不管是乡绅、商人还是民众，都按照当时的习俗纷纷为林则徐赶置靴、伞、香炉、明镜和颂牌，为林则徐送行。人们在 52 面颂牌上写着“民沾其惠，夷畏其威”“勋留东粤，泽遍南天”“公忠体国”“清正宜民”“烟销瘴海”“风靖炎洲”等赞词，表示他们对林则徐领导禁烟的拥护和感激之情。由于送行的人太多，以至于林则徐住所前面巷子里的人连续几天络绎不绝。

正在林则徐准备动身北上之际，道光帝又下旨让林则徐在广州听候处置。林则徐在广州期间，虽然他的境遇已经进入低谷，但他不顾自身安危，依然关心抗击英国侵略的大计。

林则徐被革职后，英军从天津南下广州与清政府委派的钦差大臣琦善谈判。为了逼迫清政府就范，1841 年 1 月，英军突然进攻虎门的沙角、大角炮台。副将陈连升率领约 600 名清军在沙角炮台奋勇抵抗，连英军都感叹：“这是一个很坚强很可怕的阵地，清军都维持了勇敢的人的本色。”英军采用正面袭击、背后包抄的战术，沙角炮台被攻陷，副将陈连升与 298 名官兵以身殉国，英军仅 38 人受伤，无死亡。

1841 年 2 月 26 日，英军进攻虎门第二道防线，在战斗中关天培多处负伤，仍坚守在靖远炮台，并亲自点燃大炮向敌人开火。但清军依然抵挡不住英军的猛烈炮火。英军仅以微小的代价（几艘军舰受了点伤，5 名士兵负轻

英军击中虎门洋面的清军战船图

伤）攻占了虎门炮台，清军约 1300 人被俘，300 人战死，水师提督关天培壮烈殉国。英海军司令伯麦得知关天培牺牲后，对关天培的坚贞不屈深感敬佩，命英军鸣炮致敬，称其为“最杰出的元帅”。

虎门陷落的这一天，林则徐正跟邓廷桢一起查看广州内河的防御情况。到了晚上，虎门炮台失陷的消息传来，林则徐忧心得彻夜难眠。第二天他又听到关天培和提标左营游击麦廷章以身殉国的噩耗，更是悲痛万分。后来他挥泪写下一副挽联：

六载固金汤，问何人忽坏长城，孤注空教躬尽瘁；

双忠同坎壈，闻异类亦钦伟节，归魂相送面如生。

英军进攻虎门炮台的消息很快传到北京，道光帝听说后怒不可遏，痛骂琦善在奏折中汇报广东的情形时，总是说军械不行，兵力不行，民情不坚，总是说些危言耸听的话不知是何肺腑？如此辜恩误国，实属丧尽天良！最后，道光帝下旨将琦善革职押解回北京，所有家产被查抄。

平心而论，琦善奏报给道光帝的话并非危言耸听，只是远在北京的道光帝实在是不了解真实情况。此时的道光帝已经决心向英国人开战，他任命奕山为靖逆将军，任命湖南提督杨芳为参赞大臣，同时从湖北、四川、贵州、河南、广西、江西调动一万多兵力开赴广东，决心剿灭英军。

小贴士

参赞大臣：清代的一种官职名，由皇帝特别下旨委派，掌参赞军务，综理政事，一般设置在外蒙古和新疆等地区，等级略次于将军。以新疆伊犁将军为例，伊犁将军虽然是总领全疆，但对地方事务的管理主要由参赞大臣负责。尤其是晚清，参赞大臣的重要性已经高于伊犁将军。另外，战争时期也往往会临时置参赞大臣，辅佐统帅，助理军务，分统军队。

杨芳是一位名副其实的老将，出征广东的时候已经70周岁，他久经沙场，多次在镇压地方武装起义和叛乱中立下赫赫战功。靖逆将军奕山只是代表皇室出征，在军事上真正能依靠的人是杨芳。在英军进犯广东的时候，道光帝让年过七旬的杨芳出征，可见对他一举剿灭英军寄予了厚望。

杨芳虽然是身经百战的老将，但之前面对的基本是使用冷兵器的中国地方武装，如今面对的是当时世界上最强大的英国军队，他以往的作战经验并没有多大作用。杨芳到达广州后的第二天，英军就相继攻陷广州附近的炮台。面对船坚炮利的英军，杨芳一边向道光帝谎报胜仗，一边琢磨对付英军的办法。在见识了英军的猛烈炮火之后，他胸有成竹地认为："英夷虽然在船上飘忽不定，却总能打中我们，我们在稳固的岸上却不能打中英夷，这里面必定有妖术！"杨芳下令用纸扎草人，请来巫婆神汉做道场，祈祷鬼神。他听说女人的马桶可以破敌人的妖术，于是他下令在广州城内收集女人用过的马桶，打仗的时候用马桶对着英国人的大炮，这真是闹出了天大的笑话。当时有人写了一首诗讽刺他："粪桶尚言施妙计，秽声传遍粤城中。"

此时的林则徐虽然已经被革职，但他依然积极参与筹划如何抵抗英军的对策，奕山与杨芳也时常登门向林则徐请教。为了抵抗英军，林则徐率先捐资招募壮勇，壮大清军的力量。在林则徐的带动下，广州的爱国士绅、商人也纷纷捐款。福建籍的商人潘仕成被林则徐的民族大义所感动，悄悄帮林则徐代付了雇用壮丁的钱款，林则徐知道后谢绝了他的好意，依然自己付清了招募壮勇的款项。

师夷长技以制夷

随着鸦片战争的深入，林则徐对英军的认识也越来越清晰。鸦片战争爆发之初，他曾以为英军肯定不擅长陆战，因为他们穿着那么紧身的衣服，又扎着绑腿带子，倒在地上就难爬起来。但他后来发现，英军不仅擅长海战，还擅长陆战，这让他开始更加重视了解和学习英军的长处。

正当林则徐在广州积极参与抗英战争的时候，1841年4月16日，林则徐接到道光帝给他的谕旨，命他以四品卿衔前往浙江协办军务。因为当时的浙江也正处于英军的炮火之中，道光帝让林则徐前往浙江协助当地的官员抵抗英军。

林则徐到达浙江镇海之后并没有具体的官职，但他并没有因此而置身事外，而是在到达镇海后的第二天便登上海防要地招宝山，观看地形，查看炮位。第三天便到镇海炮局与相关人员讨论铸造大炮的事项。他还把从广东带来的制造火炮的书籍送给炮局，供他们参考。其中包括他在广东时组织人翻译的有关欧式大炮瞄准发射技术的书籍，还有一本明朝末年编写的《火攻挈要》。

小贴士

《火攻挈要》：崇祯十三年（1640），明朝兵部聘请天主教耶稣会传教士汤若望监制西式大炮，并要他将技术传授给工部“兵仗局”。于是明末著名的火器理论家焦勖根据汤若望的口述撰成《火攻挈要》一书。

该书上卷详细介绍火铳制造的工艺及种类，并对佛郎机、鸟枪、火箭、喷火筒等火器的制造做了简要说明。中卷分别介绍各种火药的制作、贮藏、性能、配方和火铳的试放、安装、教练、搬运等内容。下卷具体介绍火器制造中一些应注意的问题和在各种情况下火器的应用。此外《火攻挈要》还涉及不少西方关于冶铸、机械、化学、力学、数学等方面的知识，成为明末火器技术的重要著作。

此时的林则徐深知清军火炮与英军火炮之间的巨大差距，为了铸造质量更好的大炮，林则徐留心钻研各种火炮的制造知识，经常到炮厂关心铸造火炮的情况，并于1841年6月21日首次铸成八千斤重的大铁炮。由于清朝传统的铁炮不能左右旋转射击，林则徐便与热心火炮、战船研究的余姚知县汪仲洋和精通西方算法的嘉兴县丞龚振麟共同制造出了新式炮架，下装四个轮子可以前拉后推，炮架上还设置了可以旋转的磨盘，大炮安放在磨盘上面，可以四面转动。林则徐等人将这种新式火炮称为“磨盘架四轮炮车”，这是林则徐吸收西方科学技术改进军事装备的又一成果。

除了学习铸造新式火炮，林则徐还热心研究制造新式战船。他将自己保存的八种造船样式的图书交给汪仲洋与龚振麟，让他们根据这些船图加以研究。龚振麟在研究英国火轮战船的基础上，结合林则徐提供的车轮船图，制造出了车轮战船。该船仿照了英国火轮战船的样式，由于无法制造蒸汽机，便以人力代替机器动力推动齿轮转动，这是中西造船技术结合的产物。然而，这种新式战船尚未完工，镇海就被英军攻陷了。

虽然这样的战船与英军战舰仍有很大的差距，但已经使轻蔑中国的英国侵略者大吃一惊。这种新式战船让英国海军将领伯纳德(W. D. Bernard)印象深刻,他在后来的《“复仇女神”号轮船航行作战记》中记述道:“有两根硬木制成的长轴,直径约十二尺,附着蹼轮;还有一些结实的木制嵌齿轮近于完工,这些是打算在船内由人力操作的。虽然它们还没有安装到船上,但是中国人这种首次尝试的独创才能,不由地令人钦佩,因为远在北方的镇海,只有在以前我们占领舟山时(1840 年 7 月攻陷定海),他们才可能看到我们偶然在这个岛逗留的轮船。”由此可见,英国人惊讶于很少能见到英军战舰的镇海人居然能仿制英国战舰的样式,他们不知的是,刚从广东来到镇海的林则徐在其中发挥了很大的作用。

对于西方先进的技术装备,一般的清朝官员将此视为“奇技淫巧”,林则徐则以开放务实的态度重视学习西方的先进军事技术,他的这些举动开启了近代中国学习西方先进军事技术的先河。林则徐在广东仿制外国战船的时候,住在澳门的西方人得知此事评价道:“此事不久,可见一番新世界。”西方人的预见是对的,此后中国将兴起一场“师夷长技以制夷”的洋务运动。林则徐并没有把学习西方的技术当作一种权宜之计,而是已经有着长远的打算,他在给朋友的信中曾说:“即使逆夷逃归海外,此事亦不可不亟为筹划,以为海疆久远之谋。”此论可谓远见卓识，林则徐已经走在了时代的前列。

正当林则徐在镇海协助筹备海防的时候，道光帝将广东接连战败的责任归咎到林则徐和邓廷桢身上。1841年6月28日，道光帝下旨指责林则徐和邓廷桢在广东主政期间“懈惰因循”，没能整顿好广东的海防，“思之殊甚痛恨”！谕令再次革去林则徐的四品卿衔，从重发往伊犁，效力赎罪。

道光帝的这番指责着实冤枉了林则徐和邓廷桢。林则徐和邓廷桢在广东主政期间，不仅没有丝毫懈怠，反而是夙兴夜寐、殚精竭虑地在筹备广东海防。然而，由于中英之间的军事实力相差太大，清朝再坚固的海防要塞也依然无法抵御英军的进攻，这一点，是深居宫廷的道光帝所体会不到的。

林则徐对自己的不幸遭遇早有预料，在他被委任为钦差大臣时，就已经预感到前途难测。前文我们曾说过，林则徐在北京即将启程前往广州的时候，向在京养病的恩师沈鼎甫辞行，两人默默垂泪，他们都知道即将面对的是一场难以处置的危机。因为当时林则徐以钦差大臣的身份南下禁烟，看似荣光，实际危机四伏。道光年间的鸦片泛滥问题已经积重难返，厉行多年的禁烟政策成效甚微，中英之间在广州的贸易矛盾一直处于不断升级的状态，且时有冲突发生，若禁烟问题处理不慎，极易使双方矛盾进一步激化。道光帝要求查禁鸦片的时候，要“上不可失国体，下不可致边衅”，这其实是个两难的选择。因此，当时的朝中大员对禁烟钦差的重任唯恐避之不及，林则徐并非不知道广东禁烟的利害关系，他明白此行“乃蹈汤火”“身蹈危机”，但为了完成禁烟使命，他已“置祸福荣辱于度外”。明知山有虎，偏向虎山行！这正是林则徐的难能可贵之处。

1841 年 8 月，被贬职后的林则徐把他在广州、浙江等地收集到的有关各国的资料，包括尚待翻译和已经译成的《四洲志》全部交给魏源，魏源以《四洲志》为基础资料，编辑成《海国图志》。1842 年，50 卷本的《海国图志》正式出版。魏源在《海国图志》一书的序中，阐明了出书的目的："是书何以作？曰：为以夷攻夷而作，为以夷款夷而作，为师夷长技以制夷而作。"由此可见，近代中国“师夷长技以制夷”的思想正是源于林则徐。

在林则徐的带动下，一批开明人士开始开眼看世界，并相继著书立说，如 1841 年汪文泰的《红毛番英吉利考略》、1842 年萧令裕的《英吉利记》、1846 年梁廷枏的《海国四说》、1848 年徐继畬的《瀛环志略》等。一批时代的先行者开始以全新的眼光探寻世界并审视自身，林则徐“师夷长技以制夷”的思想对整个近代中国都产生了深远的影响。

第五章　遣戍新疆

【导语】林则徐虽然遭受到遣戍新疆的处罚，但他在人生逆境中并没有怨天尤人，而是依然满怀精忠报国的热忱。他在戍边途中，抱病防洪治水；他在新疆三年，奔走于新疆各地，积极投身于兴修水利、募民屯垦、勘察南疆、重视西北塞防等事务，为新疆的发展和边防的巩固做出了重大贡献。“苟利国家生死以，岂因祸福避趋之。”这是他在戍边途中安慰家人的诗句，也是他光辉一生的真实写照。

朝夕筑坝治黄河

1841 年 7 月 14 日，林则徐在儿子林汝舟的陪同下离开镇海，沿水路前往杭州，准备踏上前往新疆的路程。7 月 20 日，在广州的邓廷桢也接到了遣戍新疆的谕令，这两位曾经共同协力禁烟的战友如今又有了共同的遭遇，两人的心紧密联系在一起。林则徐在写给邓廷桢的书信中，称两人为“患难弟兄，相依为命”。邓廷桢在给林则徐的回信中，也倾诉了自己的心怀：“今日之事虽然意外，而细思之，也在意料之中。只是边塞的路长，前途茫茫，实在难料！”两人在信中约定，到陕西会面后，共同出玉门关。

林则徐到达杭州后，暂时住在朋友家里，杭州的一些贤达人士闻讯后，纷纷前来拜会。其中一位叫张珍臬的在十年前曾被贬职到新疆一段时间，林则徐便借机向他询问边疆的情况，思考筹边之策。张珍臬将前人写的新疆地方志《三州辑略》借给林则徐在赶赴新疆的途中阅读。身在北京的军机大臣祁寯藻与林则徐惺惺相惜，他托人把其父祁韵士的两本关于新疆的著作《西陲总统事略》和《万里行程记》送给林则徐，供他参考。

林则徐赠诗表达对朋友们的谢意，并在诗中抒发自己对英国人入侵的忧虑：

不信玉关成畏道，欲倾珠海洗边愁！
临歧极目仍南望，蜃气连云正结楼。

从诗中我们可以看到，尽管林则徐已经被朝廷革职戍边，但他依然牵挂着沿海的战事。林则徐离开杭州到达扬州，扬州知府陈延恩热情地接待林则徐。林则徐把从广州带来的炮书交给陈延恩，让他刻印出版，为东南沿海的抗英战争提供稀缺的铸炮资料。

8月上旬，林则徐准备经江苏、河南前往陕西，然后继续西行。正在此时，他突然接到朝廷的谕旨，令他前往河南治水。原来，位于河南开封附近的黄河大堤突然决口，洪水泛滥，百姓流离失所。消息传到京师，朝廷震动。道光帝下旨让治水经验丰富的林则徐赶紧前往开封救急，协助治理水灾、立功赎罪。

林则徐的朋友们听说他不用再去新疆戍边了，纷纷向他祝贺。然而，林则徐并没有因此而高兴起来，面对水灾的泛滥和正在进行的抗英战争，忧国忧民的心情更加沉重。他写信感谢杭州的朋友们对他的祝贺，同时也写诗倾诉自己的忧思：

谁输决塞宣房费，况值军储仰屋愁。
江海澄清定何日？忧时频倚仲宣楼。

当时黄河泛滥，灾情非常严重。开封城内的河水深达五六尺，城外的洪水则奔向安徽流入淮河，当时河南、安徽受灾区共计5府22州县。朝廷想要尽快堵塞决口，但当时的河南巡抚牛鉴、东河河道总督文冲均束手无策，文冲等人主张放弃开封，将省城迁往洛阳，又借口水势凶猛，反对堵口，让河水减弱后再补救。道光帝派大学士王鼎到现场勘察，王鼎上奏道："河流随时变迁，自古以来没有有效对策，然而从来没有决口却不堵塞、堵塞却不迅速的道理。所以文冲的主张断不可行。"于是，道光帝解除文冲的职务，并给他戴上枷锁在工地上示众。道光帝让淮海道朱襄继任河督，并由王鼎主持这次堵口工程。王鼎知道朱襄缺乏治河经验，而林则徐做过东河总督，熟悉河务，便上奏道光帝，请求让林则徐前来协助这次堵口工程。王鼎与林则徐早就相识，林则徐当年参加会试的时候，王鼎担任主考官，有了这层关系，按当时的称谓习惯，林则徐称王鼎为"座师"，王鼎一直被林则徐以师礼相待，两人志趣相投，逐渐成为忘年之交。王鼎这次推荐林则徐治理黄河，一方面因为林则徐确实有丰富的治水经验。另一方面，王鼎想让林则徐利用这一机会将功赎"罪"，免除被遣送到新疆戍边的惩罚。

林则徐中途奉旨后，将家人暂时安置在南京居住，他自己于 9 月 30 日赶到祥符六堡工地。由于堵口工程浩大，需要购买垛料 4 亿斤，挖掘疏导的河道二三百里，朝廷拨付的工程款项只有 470 万两白银，开支必须节省。而一些参加筹办工程的官吏，为了从中捞钱，游说王鼎申请更多的款项、购买更多的垛料、延长工期，因此工程进展缓慢。

为了推动工程进度，林则徐与王鼎同住黄河工地，在第一线督导黄河堵口工程。当时天气炎热，每天必在工地上来回巡查一遍。他日夜在工地上奔波，时常徒步行走在泥水中，以至于民工们都忘记他是朝廷官员。终日的忙碌使得林则徐积劳成疾，时常鼻腔出血，咳嗽长达一个多月，以至于声音嘶哑。林则徐还患上了腹泻，感到体力难支，想请假养病，但王鼎急需他的帮助，林则徐不得不在工地上继续坚持。他每天黎明便到工地督工，经常到半夜三更才能休息。作为“效力赎罪”的“罪臣”，林则徐在工地上并没有多少权力，但他并没有因为自己不公正的遭遇而消极怠工，仍然以高度的责任感全身心投入到黄河堵口工程中。

经过几个月的奋战，1842 年 3 月 19 日，工程终于完成。王鼎在上奏工程情况的时候，极力向道光帝阐明林则徐在工程中的巨大作用，希望道光帝能让林则徐将功折“罪”，赦免流放林则徐，并重新起用他。但道光帝并没有听从王鼎的建议，依然下旨流放林则徐到新疆。3 月 24 日，林则徐再次启程前往新疆，王鼎流泪相送，林则徐感慨难言，赋诗两首赠予王鼎，其中一首写道：

幸瞻巨手挽银河，休为羁臣怅荷戈。
精卫原知填海误，蚊蛇早愧负山多。
西行有梦随丹漆，东望何人问斧柯。
塞马未堪论得失，相公且莫涕滂沱。

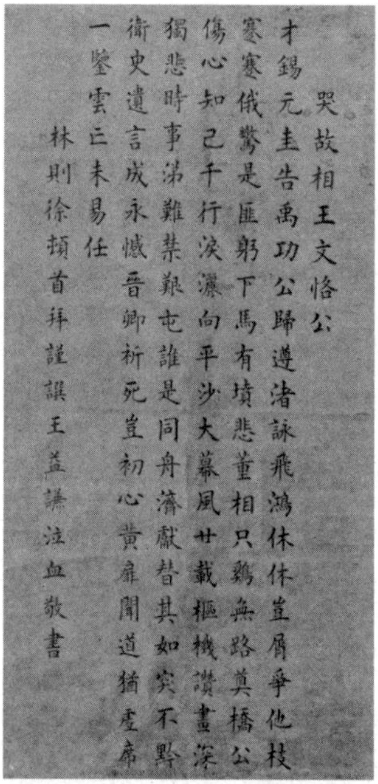
哭故相王文恪公
才錫元圭告禹功公歸遵渚詠飛鴻休休豈屑爭他枝
蹇蹇俄驚是匪躬下馬有墳悲董相只鷄無路莫橋公
傷心知己千行淚灑向平沙大幕風廿載樞機讚畫深
獨悲時事涕難禁艱屯誰是同舟濟獻替其如突不黔
衛史遺言成永憾晉卿祈死豈初心黄扉闇道猶虚席
一鑒雲巳未易任
林則徐頓首拜謹譔王益謙注血敬書

林则徐撰文、王鼎族弟王益谦书写的《哭故相王文恪公》（蒲城林则徐纪念馆藏）

林则徐写的这首诗，意境沉重苍凉，尽管朝廷对他不公，但他仍然不计个人得失，内心惦记的依然是事关民族危亡的沿海战事。

王鼎后来回到北京，多次劝谏道光帝不要与英国人签订合约、不要重用主和派的官员、要重新起用林则徐，然而道光帝却没有采纳他的建议，王鼎愤而自缢，以死向道光帝“尸谏”。林则徐听到王鼎“尸谏”的消息后，悲痛异常，挥泪写下“伤心知己千行泪，洒向平沙大幕风！”的诗句以示对这位患难知己的悼念之情。

只身万里忧中原

1842年5月，林则徐抵达西安，由于治理黄河时长达数月的操劳，加上长途行程的颠簸，林则徐病倒了。他便奏请朝廷，在西安养病后再启程。他在西安休养期间，听说陕西榆林出土了好几门大炮，便立刻写信让榆林知府统计火炮的重量、尺寸，并绘制出图样寄给他，以备日后查考。林则徐还将他在扬州时刻印的炮书送给陕西的地方官员，希望他们能够按照书中的技术铸造新式大炮。

1842年8月，已经病愈的林则徐告别妻子、家人，在两个儿子的陪同下离开西安，继续西行。他看到妻子愁思万端，深恐家人为他过多担忧，便以轻松的姿态赋诗相劝。

《赴戍登程口占示家人》(二首)

(其一)

出门一笑莫心哀，浩荡襟怀到处开。
时事难从无过立，达官非自有生来。
风涛回首空三岛，尘壤从头数九垓。
休信儿童轻薄语，嗤他赵老送灯台。

（其二）

力微任重久神疲，再竭衰庸定不支。
苟利国家生死以，岂因祸福避趋之。
谪居正是君恩厚，养拙刚于戍卒宜。
戏与山妻谈故事，试吟断送老头皮。

林则徐在诗中开导家人说：要想办成一件事，总要经过多次反复和波折，包括犯错误。第一首诗体现出林则徐襟怀坦荡的壮志豪情。第二首诗表达了林则徐甘愿为国牺牲的坚定信念："苟利国家生死以，岂因祸福避趋之。"只要有利于国家的事，自身的生死也置之度外，哪能为了自身的祸福而趋利避害呢？这一句是全诗的思想精华之所在，它表现了林则徐刚正不阿的高尚品德和忠诚无私的爱国情操，已成为百余年来广为传颂的名句。

林则徐在西行的路上，很少得到沿海战事的消息，但他关注沿海战况的心情非常迫切。他在给友人的信中询问战争的情况："南中又有镇江失守之信，令人滋切愤忧，不知续报何似耳！"1842 年 8 月 21 日，林则徐在写给妻子郑夫人的信中依然念念不忘国事："今日又过去六百里廷寄，自系将前调预备之一千兵调去天津（顷闻去清江浦），看来逆夷竟不歇手，不止据有江以南而已。究竟扬州、清江等夷情如何？如有的确信息，可即寄来。日来陕省铸炮之举有无头绪，可查访及之。”当他听到清军在前线战败的消息，便心忧如焚、寝食难安。他在给朋友的信中写道：“逆焰已若燎原，身虽放逐，安能诿诸不闻不见？”他在路途上听说陕西正在铸造大炮，便立刻写信把自己掌握的铸炮经验告诉他们：铸造精良的大炮一定要做到腹厚口宽，火门正而紧，铁质要纯。铸成之后，将炮膛打磨光滑，放炮时才能既快速又不会炸裂炮膛。林则徐的书信可谓情意至诚、言辞恳切，透露出他想振兴国家武备、抵御外来侵略的迫切愿望。

1842年9月3日，林则徐抵达兰州，以陕甘总督为首的当地官员出城迎接。他从一位官员那里得知自己的老友姚椿、王柏心在湖北的情况，激动万分。他在开封筑河堤的时候，两位老友屡次去信问候，当时因为工程紧急，再加上他又大病一场，因此一直未能回信。现在他突然得知了老友的近况，于是迫不及待地回信倾诉衷肠：“今则龙沙远去，前望更茫然矣。自念一身休咎死生，皆可置之度外，惟中原顿遭蹂躏，如火燎原，润州失后，未得续信，不知近状何若？侧身回望，寝馈皆不能安！”他在信中还总结了自己在抗英斗争中的经验教训，以及他设想的抗英对策。然而，他明白，以自己目前的身份，即使有再多的主张也无济于事。在书信的末尾，林则徐赋诗回赠老友：

时事艰如此，凭谁议海防？
已成头皓白，遑问口雌黄！
绝塞不辞远，中原吁可伤。
感君教学《易》，忧患固其常。

林则徐在诗中写出了自己报国无门、悲凉壮烈的心境。

10 月 9 日，林则徐在肃州接到邓廷桢从伊犁发来的信件，知道老友已经在帮他寻找住的地方。两人当时还不知道《南京条约》已经签订，在信中谈起国家面临的危机，林则徐赋诗回信道："中原果能销金革，两叟何妨老戍边！"（只要能把英国侵略者赶走，两个老头子在边疆待一辈子也心甘情愿。）两位被朝廷处罚正处于人生低谷的老友，此时惦记的仍是国家安危。10 月 18 日，林则徐进入新疆地界，行程更加艰苦，他在日记中写道："路皆沙碛，往往数十里无水草，碎沙下实有石底，车行戛戛有声，夜在车中宿。"

12 月 10 日，林则徐经过长途跋涉，终于到达遣戍的目的地——伊犁惠远城。邓廷桢等人出城在路边迎接远道而来的林则徐，两位曾经并肩作战的老友在边疆久别重逢，开始了他们黄沙漫漫的戍边生涯。

1843 年 1 月 28 日，林则徐与邓廷桢在除夕前一天相聚叙旧，这是他们第一次在伊犁边陲过春节，心情难以平静。林则徐赋诗《伊江除夕书怀》，感慨“三年漂泊居无定，百岁光阴去已多”，但他对自己的所作所为并没有后悔，在普天欢庆的节日里，他无心饮酒作乐，而是忧心忡忡地写下“正是中原薪胆日，谁能高枕醉屠苏!”的诗句，表露出关心社稷兴亡的爱国情怀。

浚水勘田利边疆

伊犁惠远城为当时新疆的首府，最高军政长官是伊犁将军。因虎门销烟的伟大事迹，伊犁将军布彦泰对林则徐极为敬重，让他参与许多地方军政大事。

林则徐因为长途劳累，加上不适应边塞水土气候，所以他到达新疆后长时间生病，腹泻和流鼻血的旧疾复发。虽然疾病缠身，但林则徐仍注意了解国家大事，研究西陲边防、屯田、水利，并将自己的所读、所想记录成册，后辑为《衙斋杂录》。

1844 年，朝廷准备在阿奇乌苏开垦荒地，由于此地缺

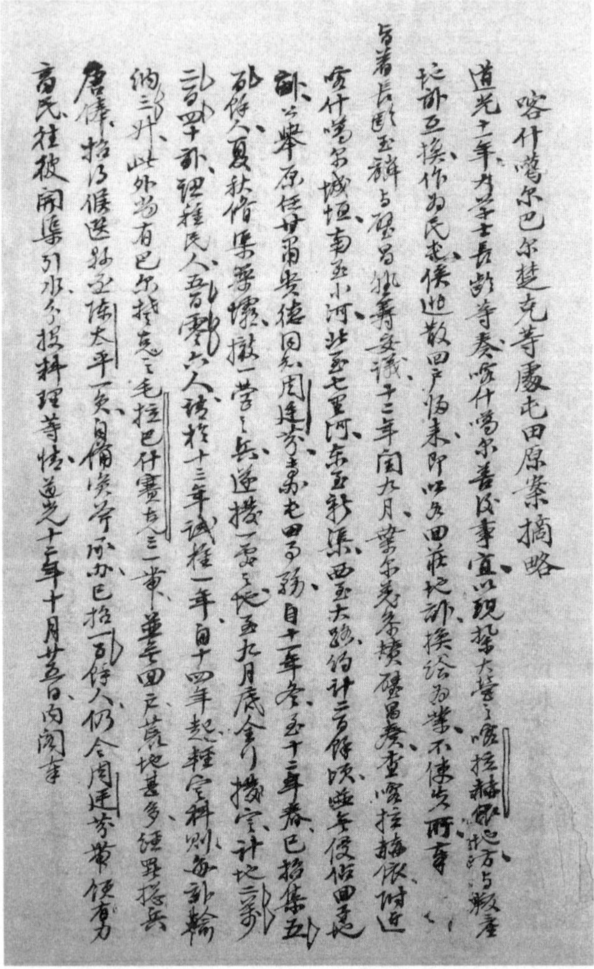
喀什噶尔巴尔楚克等处屯田原案摘略

林则徐《衙斋杂录》原文（福州林则徐纪念馆藏）

水，必须解决水源问题。布彦泰计划修建清代伊犁最大的水利灌溉工程——阿齐乌苏渠，将哈什河水引入灌溉农田。但整个工程浩大，而且工程的费用只能靠地方自筹。林则徐就与当地官员士绅共同捐资认领了一段最艰难的龙口工程。为了防止道光帝猜疑他是为了早日获释而故意表现给朝廷看，林则徐在写给朝廷的呈文中特意声明："将来工竣，断不敢希冀乞恩。"

当时林则徐的身体并未完全康复，他凭借满腔热忱和自己丰富的水利经验投入到边疆的开发事业。1844年6月，工程正式开工，林则徐率领民工挖山石、修堤坝，历时4个月，用工10万余，终于完成工程。引至阿齐乌苏的哈什河水源源不断地浇灌着十余万亩农田。直到如今，这条宽广的水渠仍滋润着阿齐乌苏的田地。当地百姓为感谢林则徐，把这条阿齐乌苏大渠尊称为"林公渠"。

伊犁将军布彦泰检视水渠之后，对林则徐表现出的卓越才能非常满意，加上他两年来对林则徐的了解，布彦泰上奏道光帝时连口称赞林则徐："赋性聪明而不浮，学问渊博而不泥，诚实明爽，历练老成……平生所见之人，实无出其右者。以有用之才置之废闲之地，殊为可惜。"布彦泰建议道光帝重新起用林则徐，但道光帝并没有表态。

由于林则徐在伊犁工作出色，1844 年 12 月，道光帝派他前往南疆勘查荒地。勘查土地的任务繁重，而且路途艰难又漫长，这对于一位 60 岁的衰病老人来说是一项非常大的挑战。然而，面对困难的林则徐并没有丝毫犹豫，他决心"短衣携得西凉笛，吹彻龙沙万里秋！"布彦泰出于照顾他身体的想法，问他是否想就近勘查，但林则徐坚定地回答道："林某愿远！"

林则徐每到一个地方便丈量土地，勘察土质，查明有多少可供开垦的荒地。还要寻找水源，并根据本地的土质确定修筑水渠的方法，他非常严谨地对待每一项工作。南疆山川险峻、气候恶劣，林则徐以 60 岁高龄，踏遍南疆，历尽艰辛。由于在荒郊野地勘查土地，离城市遥远，林则徐携带帐篷、粮食、被褥，白天迎风冲寒，跋涉赶路，丈量土地、勘探水源，夜晚在帐篷中整理白天的勘查记录，卧听四野风沙的呼啸声。据林则徐的《乙巳日记》记载，在万里勘查途中，环境恶劣，人马俱乏，他历经了"踏冰而行""冲泥涉水""路窄沙滑""黄沙迷目""顽石塞路"，甚至"覆车之险"。"理公牍至四鼓始就寝" "多日宿河滩毡庐，风大沙多""夜宿克罗巴特庄，其园内果树甚密，但蚊虫蚤子极多"。

林则徐在南疆勘察土地期间，看到很多少数民族的

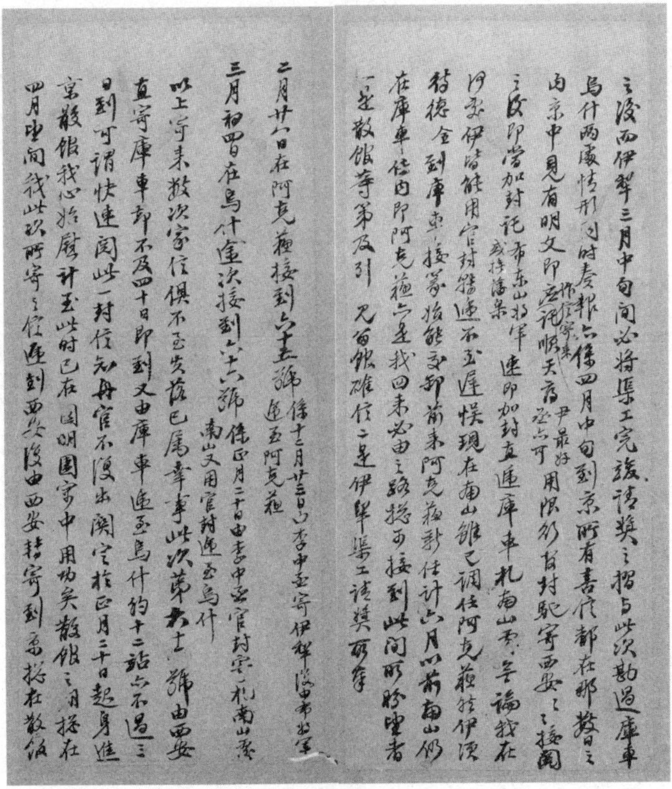

林则徐在新疆写给家人的信件局部
（福州林则徐纪念馆藏）

百姓食不果腹、生活艰辛，但还要给当地的首领交纳赋税，心生同情。他在日记中写道："查南路八城回子生计多属艰难，沿途未见炊烟，仅以冷饼两三枚便度一日，遇有桑椹瓜果成熟，即取以充饥。其衣服蓝缕者多，无论寒暑，率皆赤足奔走。访闻此等穷回尚被该管伯克追比应差各项普尔钱文。"

林则徐勘察南疆，行程两万余里，勘地近 69 万亩，开垦屯田 3.7 万余亩。在林则徐的建议下，朝廷将开垦的大部分土地都分给了当地少数民族耕种，不仅改善了当地百姓的生活状况，还促进了民族团结。

小贴士

屯田：中国古代的战争，有些会持续时间很长，甚至能够陆陆续续的达到几十年。粮食是战争的物质基础，旷日持久的战争对粮食的需求非常大，古代交通运输全靠人力和畜力，长途运输粮食会造成很大的损耗。为了保证军队有充足的粮食供应并减少运输损耗，中国秦汉时期开始在距离交战区域不远的地方，让士兵和农民垦荒种地，这种方法就是屯田。从汉朝开始，历代政府常在重兵驻守的边疆采用屯田的方式保证军事需求。

林则徐在考察新疆期间，发现当地的“坎儿井”设计巧妙，很有利用价值。坎儿井是当地少数民族人民创造的地下水利设施。在高温少雨、气候干燥、蒸发强烈的地区是理想的节水灌溉设施。林则徐十分赞赏，他便倡导推广坎儿井，还制定了《经久章程》。但不久，林则徐奉诏返回内地，后任者秉承他的意志，开凿了许多坎儿井。30年后，左宗棠西征收复新疆时，其幕僚施补华看到了新疆的坎儿井，追怀林则徐的功德，写诗说：“海族群吹浪，疆臣远负戈，田功相与劝，水利至今多。重柳家家树，回流处处科，白首遗老在，怀德涕滂沱。”

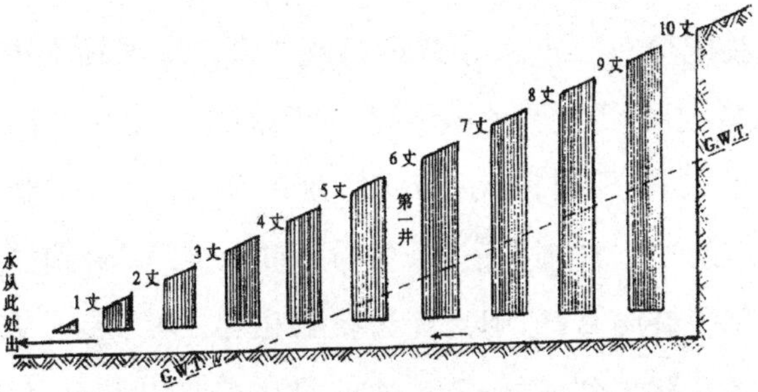

坎儿井原理系引天山雪水渐引渐低的走向(台湾沈怡先生手绘)

说明：雪水融化渗入地下，利用山的坡度，深掘数十丈，浅则掘数丈，再浅一二丈，然后把井底打通，引地下潜流入吐鲁番。从最浅井流出地面，其旁另筑“淖池”以贮水，便可随时引用。

西北防患于未然

林则徐在新疆期间，还致力于阅读新疆历史地理沿革的相关典籍，加深对新疆边防的了解，并思考加强西北边防的措施。因为早在鸦片战争前夕，林则徐就已经看到沙皇俄国对中国的潜在威胁。沙俄与中国有着漫长的边境线，自从康熙二十八年(1689)双方签订《尼布楚条约》之后，再也没有大的冲突发生。在这种情况下，为什么林则徐还把沙俄视为中国的威胁呢？这还要从林则徐虎门销烟时谈起。

林则徐在广东领导禁烟期间，组织人员翻译外国书报，编写了介绍世界各国情况的《四洲志》，书中介绍了沙俄在比达王(即彼得大帝)实行改革政策之后，不断对外扩张的历史。林则徐还从《澳门新闻纸》中了解到沙俄想跟英国争夺阿富汗，阿富汗与新疆相邻，这引起了林则徐的警觉。联想到清朝初年，沙俄曾在东北侵占中国领土，林则徐认为对沙俄的扩张动态不能“闭目不理”“今天必要提防”。林则徐在充分了解新疆边防历史并进行实地考察之后，支持加大新疆的屯田力度，用兵农合一的形式遏制沙俄对我国土地的觊觎，因此他在新疆积极参与开垦屯田，巩固边疆的防御力量。林则徐在新疆期间，清政府鉴于英国人从海上入侵中国，为了加强天津的军事力量，准备裁撤伊犁镇总兵，移至天津。林则徐则认为，在加强海防的同时切不可忽略了西北地区的边防，他指出伊犁驻军对新疆的边防非常重要。由于他当时的身份是戴“罪”戍边之臣，无权给皇帝写奏折，他便积极劝说布彦泰上奏道光帝坚决保留伊犁总兵的编制，布彦泰听从了林则徐的建议，并最终取得清廷的同意。

1845 年 12 月，道光帝下旨，同意释放林则徐入关，并委任他为署理陕甘总督，林则徐结束了长达 3 年的戍边生涯。1846 年 5 月，林则徐奉旨调任陕西巡抚。陕西蒲城是王鼎的家乡，王鼎“尸谏”之后，林则徐对王鼎的知遇之恩一直感念在心。此时，他来到王鼎的家乡担任巡抚，想按照古人的师生之道为王鼎“守心丧”（即不穿孝服，在心中默默悼念。）。1846 年底，林则徐利用休病假的时机来到陕西蒲城，先到王鼎的墓地进行祭奠，然后又拜访了王鼎的家人，最后住在王鼎的族弟王益谦家一段时间，为王鼎“守心丧”，以示对恩师的缅怀与悼念。1847 年 5 月，林则徐奉旨调任云贵总督，此时林则徐已步入迟暮之年，他原本就长期患病的身体越来越虚弱。1849 年 10 月，道光帝同意林则徐告老还乡。

林则徐在蒲城为王益谦书写的匾额
（蒲城林则徐纪念馆藏）

陕西蒲城林则徐纪念馆（王益谦故居）

1850 年 1 月，林则徐在返乡途中路过湘江，立刻约见还是举人身份的左宗棠。林则徐早就从朋友那里听说左宗棠的品行和才学俱佳，因此想约见一下这位后生。共同的治国抱负和丰厚的才学让两人在舟中一夜畅谈，林则徐对这位 37 岁的年轻人“一见倾倒，诧为绝世奇才”，对其未来寄予厚望。两人在西北军政问题上不谋而合，林则徐将自己在新疆的见闻和治理新疆的经验倾囊相授。左宗棠继承了林则徐的遗志，20 年后，当沙俄乘浩罕汗国将领阿古柏在新疆叛乱之际，出兵占领伊犁，左宗棠抬上棺材出征，以必胜的决心镇压叛乱并收复伊犁，维护了新疆的安定和国土的统一。

鸦片战争之后，清朝的有识之士已经把西欧各国视为中国的最大威胁。林则徐告老还乡后，作为当时清朝最有名望的抵抗外来侵略的英雄，很多有志于真才实学的人纷纷向林则徐请教对付西欧各国的方略。林则徐却给了他们一个出乎意料的答复："此易与耳，终为中国患者，其俄罗斯乎！吾老矣，君等当见之。"这句话指明：西洋各国容易对付，最终成为中国心腹大患的是沙俄。林则徐在答复中说："我已经老了，你们将来会看到。"当时的中国与沙俄已经有 160 多年没有发生过战争，因此，林则徐的这句话让众人迷惑不解。没想到 8 年之后，沙俄就乘第二次鸦片战争之机，逼迫清政府签订了《瑷珲条约》，割占中国 60 多万平方公里的土地，成为第二次鸦片战争的最大受益者。此后，沙俄或以武力相威胁，或以外交讹诈为手段，逼迫清政府签订了一系列不平等条约，共侵占我国领土约 150 万平方公里。林则徐的预言不幸成真。

第六章　彪炳史册

【导语】"天地英雄气，千秋尚凛然。"林则徐，这位中国近代史上的民族英雄，以其坚定的毅力践行着他的诺言。他的爱国之情、报国之志受到海内外人民的广泛赞誉，其高尚的情操和崇高的人格魅力在历史的天空中熠熠生辉！

溘然长逝

1850年2月，道光帝驾崩，咸丰帝继位。当时广西的武装起义不断，洪秀全领导的拜上帝教势力越来越大，这让刚登基不久的咸丰帝寝食难安。咸丰帝决定重新启用林则徐，想利用他的才能和名望早日平息广西的农民起义。1850年11月，林则徐第二次被任命为钦差大臣，即刻启程前往广西镇压天地会的反清武装起义。此时身在福州老家的林则徐已经病重，但他接到朝廷诏书后，不顾极其虚弱的身体立即启程。11 月 15 日行至福建诏安，病情急转直下，几天后到了广东普宁时，竟至“昏晕难起”，不得已口授遗折，由随行的次子代笔上书咸丰帝。11 月 22 日，林则徐在潮州普宁行馆溘然长逝，享年 66 岁。

林则徐逝世的噩耗传至京城，咸丰帝既震惊又悲痛，他将林则徐视为朝廷的股肱之臣，他正想倚重林则徐平叛广西武装起义，此时林则徐突然离世，咸丰帝心中的悲痛可想而知。他为林则徐亲书一副挽联：

答君恩，清慎忠勤数十年尽瘁不遑，解组归来，犹自心存军国。

殚臣力，崎岖险阻六千里出师未捷，骑箕化去，空教泪洒英雄。

与林则徐有着深厚情谊的左宗棠于 24 日听说了林则徐去世的消息，非常悲伤，他也写了一副长联挽之：

附公者不皆君子，间公者必是小人。忧国如家，二百余年遗直在。

庙堂倚之为长城，草野望之若时雨。出师未捷，八千里路大星颓。

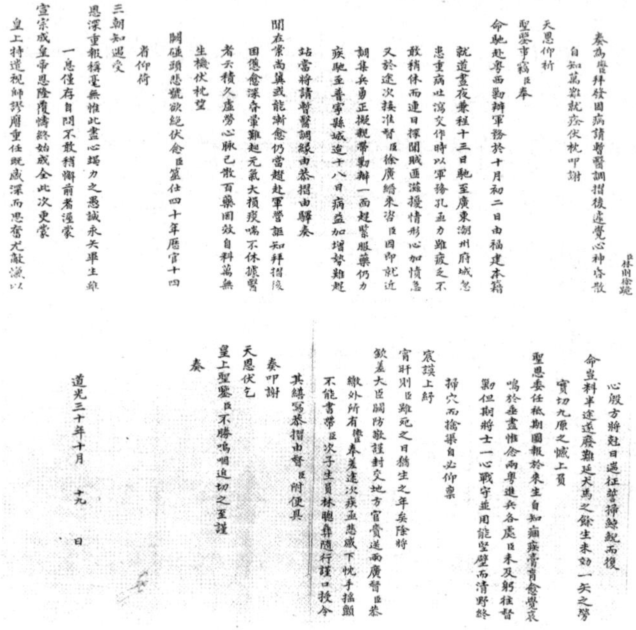

臣林則徐跪
奏為曾拜發因病請暫醫調摺後遽覺心神昏散
自知萬難就痊伏枕叩謝
天恩仰祈
聖鑒事竊臣奉
命馳赴粵西勦辦軍務於十月初二日由福建本籍
就道晝夜兼程十三日馳至廣東潮州府城忽
患重病吐瀉交作時以軍務孔亟力雖疲乏不
敢稍休而連日探聞賊匪滋擾情形心加憤急
又於途次接准督臣徐廣縉來咨臣因即就近
調集兵勇正擬親帶勦辦一面趕緊服藥仍力
疾馳至普寧縣城迨十八日病益加增勢難趕
站當將請暫醫調緣由恭摺由驛奏
聞在案尚冀或能漸愈仍當趲赴軍營詎知拜摺後
困憊愈深昏暈難起元氣大損痰喘不休據醫
者云積久虛勞心脈已散百藥罔效自料萬無
生機伏枕望
闕碰頭悲號欲絕伏念臣筮仕四十年歷官十四
省仰荷
三朝知遇受
恩深重報稱毫無惟此盡心竭力之愚誠永矢畢生靡
一息僅存自問不敢稍懈前者濫蒙
宣宗成皇帝恩隆覆幬終始成全此次更蒙
皇上特遣視師膺重任既感深而思奮尤激灑以
心殷方將尅日遄征誓掃鯨鯢而復
命豈料半途遘疾難延犬馬之餘生未効一矢之勞
實切九原之憾上負
聖恩委任祇期圖報於來生自知痼疾膏肓愈覺哀
鳴於垂盡惟念兩粵進兵各處臣未及躬往督
勦但期將士一心戰守並用能堅壁而清野終
搗穴而擒渠自必仰稟
宸謨上紓
宵旰則臣雖死之日猶生之年矣除將
欽差大臣關防敬謹封交地方官賚送兩廣督臣恭
繳外所有臣奉差途次疾亟悲感下忱手搖顫
不能書帶臣次子生員林聰彝隨行謹口授令
其繕寫恭摺由督臣附便具
奏叩謝
天恩伏乞
皇上聖鑒臣不勝嗚咽迫切之至謹
奏
道光三十年十月　十九　日

1850 年林则徐去世前的病中遗折
（中国第一历史档案馆藏）

林则徐晚年所刻“宠辱皆忘”印章
（福州林则徐纪念馆藏）

咸丰元年(1851)四月初九日,林则徐入葬时,咸丰帝遣福建盐法道戴嘉谷为林则徐祭葬,宣读《御赐祭文》,并赐《御制碑文》。在碑文中咸丰帝对林则徐大加赞赏,对他的去世感到十分惋惜。咸丰帝撤销了林则徐因禁烟而受到的不公正处分,并为他晋升太子太傅官衔。

小贴士

太子太傅:与太子太师、太子太保并称东宫三师,其中,太子太师位居东宫三师之首,太子太傅次之,太子太保又位居太子太傅之下。东宫三师自西晋时期开始设置,负责辅导太子。到明清时期,已成为大臣的加官、赠官,与辅导太子无关。品级为从一品。

官衔是官员级别的头衔或者称谓,与其权力和职责相匹配。清朝官员等级分为九品,每个品有正、从(副)之别,因此共有十八个级别。

光绪三十一年(1905),在林则徐去世55年后,林则徐的曾孙林炳章倡议为林则徐建立专门的祠堂。他和林则徐后裔及士绅等筹款加上朝廷的拨款,于当年十二月建成祠堂,额称"林文忠公祠","文忠"是朝廷赐予林则徐的谥号。“中兴宗衮”“左海伟人”为林文忠公祠左右边门青石门额上的题刻。祠堂的楹联曰：“焚毒冲云霄，正气壮山河之色；挥旗抗敌寇，义征夺魑魅之心。”这是对林则徐虎门销烟和抵抗英国侵略的赞颂。

林文忠公祠

世人赞誉

林则徐从政 36 年，历官 13 省。他出色的行政能力、高尚的道德情操赢得了近现代国内外著名人士的高度赞扬。

林则徐逝世两年后的 1852 年，时任英国驻广州领事兼驻华商务监督包令在《钦差大臣林则徐的生平及著述》一文中写道："林则徐是中国政治家中最卓越的人物，在中国，可以说林则徐是该国人民的缩影——那个庞大帝国的舆论集中表现在这个人身上。他是中国的一位理想的爱国志士。他是圣人，而且是万圣之圣。他把自己的智慧同传统的智慧结合了起来，是中国爱国志士的骄傲，他太伟大了，不会被人遗忘。林则徐忠诚地、几乎不间断地为他的国家服务了 36 年。在社会生活中，他以廉洁、睿智、行为正直和不敛钱财著称。"

美国学者马士（Hosea Ballou Morse，1855—1934）在《中华帝国对外关系史》中这样写道："他是一位具有非凡能力的行政官员，是道光帝的化身。林钦差的整个经历明净如水晶。"

美国华裔学者张馨保在《林钦差与鸦片战争》一书中写道："以他的勤奋、改进政府工作的强烈愿望以及全力为民谋利的信念而著称。在所有 19 世纪的中国政治家中，林则徐的形象和影响都超过了其他人。"

美国著名历史学家、汉学家费正清在《剑桥中国晚清史》中这样评价林则徐："他的经历清白无瑕。他有着一个从未犯过错误的人的强烈信心。他为人处世很讲道德，有强烈责任感。”

在中华民族遭受鸦片毒害的紧要关头，林则徐挺身而出，“置祸福荣辱于度外”，坚决实行禁烟，抵抗外国武装侵略，捍卫了国家主权和领土，林则徐不愧是中国近代第一位民族英雄。

同许多伟大历史人物一样，林则徐是人，不是神，因而不可避免地带有历史局限性，比如，他在鸦片战争爆发前夕并没有完全看清英国的综合实力，也没有完全认识到中国与西方国家的巨大差距。但是我们评价历史人物不能脱离历史人物本身所处的历史环境。在林则徐生活的时代，当时的清朝闭关锁国，对外部世界知之甚少。林则徐是鸦片战争之前少数对世界大势有所了解的人之一，他的所作所为在当时已经实属不易。他不是完美无缺的人，但他是一位奋发有为的人，是一位道德高尚的人。

功昭青史

林则徐虎门销烟的历史功绩不仅赢得了全世界的普遍赞誉，还成为人类禁毒史的一座丰碑。矗立在北京天安门广场上的人民英雄纪念碑上有八块浮雕，分别展现了中国近现代史上的八个重要历史事件，其中第一块浮雕便是“虎门销烟”。林则徐领导的虎门销烟第一次向世界表示反抗侵略的决心，一洗百余年来贪污卑劣的官吏给予中国的耻辱，它作为近代中国反侵略斗争之序幕、人类历史上大规模销毁毒品之先河，永载史册。

为纪念虎门销烟、根除鸦片危害，1929 年 1 月 25 日，在国际联盟禁烟顾问委员会召开大会的时候，中国代表王景岐提议将林则徐销毁鸦片的 6 月 3 日定为“国际禁烟日”，获得与会各国代表的赞同。此后每逢 6 月 3 日，中华民国政府都会举行纪念林则徐虎门销烟的活动，进行禁毒宣传。

林则徐已经成为全体中国人的骄傲，身在海外的华人也继续继承和宣传林则徐的禁毒精神。1995 年，林则徐基金会在纽约注册成立，这是美国华人成立的一个全球性的民间禁毒组织，该组织以林则徐的反毒、抗毒、为公、为民的精神为指导思想，以宣传禁毒为己任，为争取

位于福州的林则徐星纪念碑

实现无毒品的世界而努力。1996 年,国际小天体委员会将一颗新发现的小行星命名为“林则徐星”。1997 年,美国林则徐基金会在纽约市华埠中心树立起林则徐铜像,铜像所在的广场也被命名为“林则徐广场”。2005 年 6 月 26 日,纽约市政当局又将华埠东百老汇街命名为“林则徐街”。在当代,毒品问题已经成为一个全球关注的重要问题,林则徐的禁毒精神已经得到国际社会的普遍认可。

春秋时期,晋国的范宣子询问鲁国的士大夫穆叔何为“死而不朽”? 范宣子问,他的祖先从虞、夏、商、周以来世代为贵族,家世显赫,香火不绝,这就是“不朽”吗? 穆叔认为这只能叫作“世禄”而非“不朽”。在他看来,真正的不朽有三个层次:“太上有立德,其次有立功,其次有立言,虽久不废,此之谓三不朽。”他认为,最高的层次是树立高尚的道德,其次是为国为民建立功勋,再次是为后世留下真知灼见的言论。只有做到这三者中的任何一个,才可以长久让世人铭记,才可谓“不朽”。儒家将此“三不朽”作为人生的最高境界。林则徐一生谨遵儒家圣训,廉洁自律、恪尽职守,探寻经世致用之学,求索强国御侮之道,一生殚精竭虑、宠辱历尽。百年之后,他高尚的品德被世人称道,他伟大的功绩被世人铭记,他经典的诗词被世人传颂。林则徐已成为中华民族历史上永垂不朽的民族英雄!

林则徐生平大事年表

◎ 乾隆五十年（1785） 1岁

8月30日，林则徐出生于福州左营司巷林氏北院后祖室。

◎ 乾隆五十三年（1788） 4岁

林则徐的父亲在私塾中教书的时候，顺便教林则徐识字。

◎ 乾隆五十六年（1791） 7岁

林则徐的父亲教林则徐撰写文章。

◎ 嘉庆元年（1796） 12岁

在文笔书院的年终考试中成绩优异，被选为佾生（yì shēng），充任孔庙中祭礼乐舞的人员。

◎ 嘉庆二年（1797） 13岁

参加府试考中第一。

◎ 嘉庆三年（1798） 14岁

参加院试，考中秀才，进入鳌峰书院读书。与郑淑卿订婚。

◎ 嘉庆九年（1804） 20岁

参加乡试，中第29名举人，与郑淑卿结婚。

◎ **嘉庆十年（1805） 21岁**

第一次到北京参加会试，落榜。

◎ **嘉庆十一年（1806） 22岁**

到厦门担任海防同知书记。

◎ **嘉庆十二年（1807） 23岁**

受到福建巡抚张师诚赏识，并被招为幕僚。

◎ **嘉庆十四年（1809） 25岁**

第二次在北京参加会试，再次落榜，返回福州，继续担任幕僚。

◎ **嘉庆十六年（1811） 27岁**

第三次在北京参加考试，殿试二甲第四名，赐进士出身，被选为翰林院庶吉士。

◎ **嘉庆十九年（1814） 30岁**

5月，庶吉士散馆，被授予翰林院编修。8月，担任国史馆协修。

◎ **嘉庆二十一年（1816） 32岁**

8月，任江西乡试副考官。

◎ **嘉庆二十四年（1819） 35岁**

3月，在北京的官员考核中被定为一等。4月，任会试同考官。9月，任云南乡试正考官。

◎ **嘉庆二十五年（1820） 36岁**

3月，任江南道监察御史。6月，任浙江杭嘉湖道。

◎ **道光元年（1821） 37岁**

8月，因父病，辞官回家。

◎ **道光二年（1822） 38岁**

10月，临时担任浙江盐运使，协助浙抚整顿盐政。

◎ **道光三年（1823） 39岁**

2月4日，任江南淮海道。2月17日，升任江苏按察使。被百姓称颂为“林青天”。

◎ **道光四年（1824） 40岁**

1月，至苏州，临时担任江苏布政使。10月，母亲病逝，回家守孝。

◎ **道光五年（1825） 41岁**

守孝过程中被朝廷紧急召回，被派到江苏淮安督办治河工程。

◎ **道光七年（1827） 43岁**

6月到西安任陕西按察使。不久又升任江宁布政使，因父亲去世未赴任，回家守孝。

◎ **道光十年（1830） 46岁**

10月，赴武昌任湖北布政使，负责赈灾、防洪等事务。

◎ **道光十一年（1831） 47岁**

4月，就任河南布政使。8月，调任江宁布政使。11月，升任东河河道总督。负责山东、河南两省境内黄河、运河的防洪、修缮事务。

◎ **道光十二年（1832） 48岁**

7月，任江苏巡抚，负责江苏的各项民生事务。

◎ **道光十三年（1833） 49岁**

江苏水灾严重，一方面组织赈灾，一方面为民请命，请求朝廷缓征赋税。

◎ **道光十六年（1836） 52岁**

2月，临时担任两江总督兼两淮盐政，在淮北改革盐政。6月，回任江苏巡抚。

◎ **道光十七年（1837） 53岁**

2月，道光帝任命林则徐为湖广总督。

◎ **道光十八年（1838） 54岁**

在湖南、湖北严厉查禁鸦片，并上奏道光帝主张严禁鸦片。12月，道光帝连续八次召见林则徐，并任命其为钦差大臣到广东查禁鸦片。

◎ **道光十九年（1839） 55岁**

3月，抵达广州，开始组织人员编译外国书报，以了解国外情况。6月，将缴获的鸦片在虎门海滩当众销毁。

◎ **道光二十年（1840） 56岁**

2月，任两广总督，增强广东的海防力量。10月，遭清政府革职查办。

◎ **道光二十一年（1841） 57岁**

4月，奉旨以四品卿衔前往浙江协办军务。6月，被革去四品卿衔，从重发往伊犁效力赎罪。9月，奉旨往河南祥符工地，协助王鼎修复黄河决口。

◎ **道光二十二年（1842） 58岁**

3月，黄河决口工程完工，继续前往新疆伊犁效力赎罪。12月，抵达新疆伊犁惠远城。

◎ **道光二十三年（1843） 59岁**

在伊犁戍所研究西陲边防、屯田、水利等资料，协助伊犁将军布彦泰办理阿奇乌苏垦荒事务。

◎ **道光二十四年（1844） 60岁**

协助伊犁将军布彦泰办理阿奇乌苏垦荒事务，并捐资认修阿齐乌苏龙口水渠工程。

◎ **道光二十五年（1845） 61岁**

1月，从伊犁动身赴南疆勘察垦荒情况。12月，在哈密奉旨获释入关，以三品顶戴暂时任陕甘总督。

◎ **道光二十六年（1846） 62岁**

5月，任陕西巡抚。

◎ 道光二十七年（1847）　63 岁

5 月，奉旨调任云贵总督。

◎ 道光二十九年（1849）　65 岁

10 月，因病卸任回乡。

◎ 道光三十年（1850）　66 岁

11 月，奉旨以钦差大臣身份前往广西镇压天地会起义。

11 月 22 日，病逝于广东潮州普宁行馆。

参考书目

1. 中国史学会. 鸦片战争[M]. 上海：神州国光社，1954.

2. 中国第一历史档案馆. 鸦片战争档案史料[M]. 天津：天津出版社，1992.

3. 林则徐编委会. 林则徐全集[M]. 福州：海峡文艺出版社，2012.

4. 杨国桢. 林则徐大传[M]. 北京：中国人民大学出版社，2010.

5. 福州市政协文史资料委员会，福州市林则徐纪念馆. 林则徐翰墨[M]. 福州：福建美术出版社，2008.

6. 黄泽德. 林公则徐家传饲鹤图暨题咏集[M]. 福州：福建人民出版社，1992.

7. 王之春. 清朝柔远记[M]. 赵春晨，点校. 北京：中华书局，1989.

8. 魏源. 海国图志[M]. 长沙：岳麓书社，2011.

9. 梁廷枏. 夷氛闻记[M]. 邵循正，校. 北京：中华书局，1959.

10. 茅海建. 天朝的崩溃[M]. 上海：生活·读书·新知三联书店，2005.

11. 萧致治. 鸦片战争史[M]. 福州：福建人民出版社，2017.

12. 萧致治，杨卫东. 西风拂夕阳：鸦片战争前中西关系[M]. 武汉：湖北人民出版社，2005.

13. 香港艺术馆及美国皮博迪艾塞克斯博物馆. 珠江风貌——澳门、广州及香港[M]. 香港：香港市政局，2002.

14. 戴逸. 18世纪的中国与世界[M]. 沈阳：辽海出版社，1999.

15. 朱雍. 不愿打开的中国大门——18世纪的外交与中国命运[M]. 南昌：江西人民出版社，1989.

16. 张希清，毛佩琦，李世愉. 中国科举制度通史[M]. 上海：上海人民出版社，2015.

17. 故宫博物院. 清史图典[M]. 北京：紫禁城出版社，2002.

18. 梁嘉彬. 广东十三行考[M]. 广州：广东人民出版社，1999.

19. 李国荣，林伟森. 清代广州十三行纪略[M]. 广州：广东人民出版社，2006.

20. 广东省博物馆.广州百年沧桑[M].广州:花城出版社,2003.

21. 中国第一历史档案馆,广州市黄埔区人民政府.明清皇宫黄埔秘档图鉴[M].广州:暨南大学出版社,2006.

22. 胡滨.英国档案有关鸦片战争资料选译[M].北京:中华书局,1993.

23. 马士.中华帝国对外关系史[M].上海:上海书店出版社,2006.

24. 斯当东.英使谒见乾隆纪实[M].叶笃义,译.上海:上海书店出版社,2005.

25. 亨利·埃利.阿美士德使团出使中国日志[M].北京:商务印书馆,2013.

26. 斯当东.1816年英使觐见嘉庆帝纪事[J].侯毅,译.清史研究,2009(2).

27. 佩雷菲特.停滞的帝国——两个世界的撞击[M].王国卿,毛凤支等,译.上海:生活·读书·新知三联书店,2008.

28. 佐佐木正哉.鸦片战争前中英交涉文书[M].台北:文海出版社有限公司,1977.

29. 韦尔什. 香港史[M]. 王皖强,黄亚红,译. 北京:中央编译出版社,2007.

30. 威廉·亚历山大. 西洋镜:中国衣冠举止图解[M]. 赵省伟,邱丽媛,编译. 北京:北京理工大学出版社,2016.

31. 李士风. 晚清华洋录[M]. 上海:上海人民出版社,2004.